二瓶弘行・青木伸生 編著
国語"夢"塾 著

小学校国語 物語文の発問大全

明治図書

はじめに

もはや教科書の古典とも言うべき椋鳩十の『大造じいさんとがん』を学習材に、二十代のころに授業を試みたことがあります。

これまでにも、多くの実践記録が重点的に扱ってきた、残雪とはやぶさが格闘する場面。そして、多くの実践記録に見られる学習課題を、私も子どもたちに提示しました。

「大造じいさんは、なぜ銃を下ろしてしまったのでしょう」

作品には確かに、「が、何と思ったか、また、じゅうを下ろしてしまいました」とあります。しかし、大造じいさんの気持ちは直接描かれていません。読者に読みが委ねられます。子どもたちも、きっと様々に意見をもてるだろう…。

ある子は言います。「突然現れた残雪が、自分の飼い慣らしたおとりのがんを助けようとしているとじいさんは思ったのでは。だから、銃を下ろしたんだ」

ある子は述べます。「とりあえず、様子を見ようと思ったのでは。もしかすると、はやぶさが残雪を代わりにやっつけてくれるかもしれないと期待したのかも」

また、ある子は話します。「間違って、おとりのがんを撃ってしまうと悪いから。だって、空中で激しく動いてるわけでしょ」

子どもたちの発言が続きます。多様な意見が出され、黒板が埋まっていきます。けれども、それだけです。自分と異なる意見も、なんとなく意味がわかる。なんとなくいい。少し違和感がある意見も、なんとなく否定はできない。そうして、子どもたちは、曖昧な思いを抱きながら授業は終わる。教師である私もまた。

「発問」は、子どもたちの思考を揺さぶり、言葉そのものを検討し、一人ひとりが自分の読みを形成し、仲間と交流・共有する、その読みの授業を創り出す、「命」ともいうべきものです。だからこそ、その「発問」は、育成すべき「読みの力」に基づく、教師の徹底的な教材研究と、学習者の「読みの力」の実態把握なしでは生み出せません。

本書では、典型教材を基に、どのように作品と向き合い、どのような「発問」を設定していけばよいのか、若い先生方にも受け取っていただけるように、丁寧にわかりやすく解説しました。先生方の明日の物語授業づくりに、きっと役立つことを願いつつ。

2020年6月

二瓶　弘行

もくじ

第1章から第11章は、それぞれ以下のような構成になっています。

1　教材解釈と単元構想
①単元の中心発問につながる教材解釈
②単元構想と発問
③発問で見る単元の見取図
2　発問を位置づけた単元計画
3　授業展開例

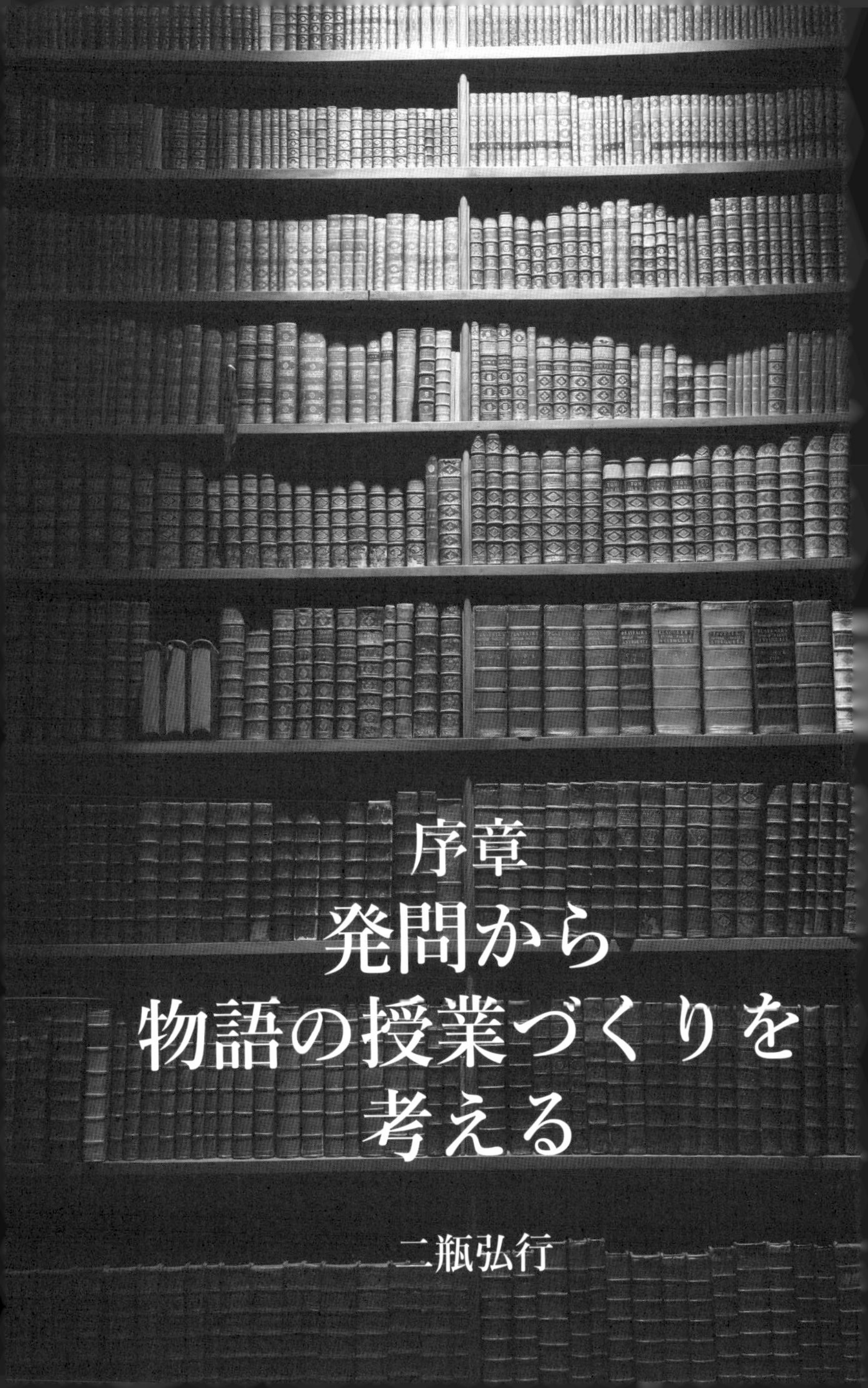

序章
発問から物語の授業づくりを考える

二瓶弘行

物語を確かに読むとは、物語の「作品の心」を受け取ること

6年生の国語教室。今週から、立松和平の『海のいのち』を読み始めている。単元の1時間目の学習で、担任の先生は、朗読CDを使って、子どもたちと作品との出会いを図った。そして、初読の感想を記述するという学びを組んだ。

そんな読後の思いを文章に綴った子どもたちに、先生は言った。

「さあ、感想を書けたね。明日から、この『海のいのち』を詳しく読んでいこう」

どうして、また詳しく読み直さなければいけないのだろう。確かに、この『海のいのち』はおもしろいなあと思った。感想まで書いた。それでいいじゃないか。もっといろいろな作品を読みたい。それなのに、どうして、学校の物語の授業では、15分もあれば読める作品を、何時間も使って詳しく読む学習をするのか。

このような「なぜ、一度読んで感想をもった物語を、繰り返し繰り返し読むのか」という問いを国語教師に直接ぶつける子どもはいないだろう。彼らは、きっと思っているのだ。「なぜかはわからない。でも、それが学校の勉強なんだ。家での読書とは違うんだ」と。

だからこそ、もし教え子が問うてきたら、しっかりと応えてあげよう。

優れた物語作品は、たった1回きりの読書でも、読者である自分に感想を与えてくれる。それが、物語自体がもっている作品の力だ。おもしろかった、切なくなった、生きる勇気を感じた、人間っていいなと思った…。様々な読後の思いを優れた作品を読めばもつことができる。生活の中での読書なら、それでいい。その感動を基に、新たな作品、例えば同じジャンルの、例えば同じ作者の作品に手を伸ばし、好きに読めばいい。

ただ、これだけは事実だ。**繰り返し読むことにより、受け取る感想が確かに変わること。**1回きりの読書では、まだ読めていない言葉がある。まだつかめていない言葉と言葉のつながりがある。そのつながりを押さえることなくして読めない、きわめて重く深い言葉がある。その言葉が見えたとき、それまで見えなかった人物の心情が読める。場面の情景が読める。最も重要な読みの中心である、物語全体を通して描かれている大きな変容がはっきりとわかる。

そして、そのとき、その物語は、読者である自分に、「生きるってね、人間ってね…」と、人生のある真実を強く語りかけてくる。それは、初読でもつことのできた感想を遥かに超えるものだ。それこそが「作品の心」(主題)。

教室での授業で、あなたは、詳しく言葉を読むのだ。言葉と言葉のつながりを、言葉の隠された重さを読み取るのだ。そうすることによって、物語から受け取る感想が確かに変わる。そして、その自分の感想の変わっていく過程こそが物語を読むことの楽しさ、「おもしろさ」そのもの。

もう1つ、教室で一編の物語を詳しく読み返す意義がある。それは、**ともに同じ物語を読み合う仲間がいること**だ。「わたしはこんな読みをしたよ。あなたの読みを聞かせて」と、仲間と話し聞き合う。その集団での読みの過程で、自分とは異なる読みの存在があること、一人では見えなかったことがともに読むことによって見えてくることを知る。そして、さらには、それぞれの「作品の心」を交流することで、その多様性と深さに気づく。そんな体験こそが、みんなと物語を読む「おもしろさ」の学び。

一編の物語をあえて集団で詳しく読み返すという、教室での物語の授業。その授業を通して、子どもたちは、物語の読み方、感想（作品の心＝その物語が自分に最も強く語りかけてくること）の確かな受け取り方を学ぶ。

そうして、その学びの6年間の系統的な段階的な継続こそが、彼らの生活の中での「一回きりの読書」のレベルを少しずつ向上させていくことに他ならない。教室での一編の物語の学びが、生活の中での読書の質を変える。

「大きな3つの問い」による詳細な読解

教室での授業で、一編の物語作品から詳しく言葉を読む。言葉と言葉のつながりを、言葉の隠された重さを読み取る。そうすることによって、物語から受け取る感想が、「作品の心」レベルにまで確かに変わる。

では、どのように「繰り返し、詳しく」読めばいいのか。はじめの場面から順番に、場面ごとに人物の気持ちを読み取っていけばいいのか。場面の様子を想像していけばいいのか。何度も何度もスラスラと読めるようになるまで音読を繰り返せばいいのか。

その方法として、私が提案するのは、次の**「大きな3つの問い」**をもって読み返すこと。

①最も大きく変わったことは、何か。
②それは、どのように変わったか。
③それは、どうして変わったか。

小学校国語教室で子どもたちが出会う物語は、様々な出来事の流れの中で「変容」を描く。そして、その「変容」を読み取ることこそが、物語の読みの中心であり、読者である子どもたちそれぞれが自分の「作品の心」（その物語が読者である自分に「生きるってね、人間ってね…」と最も強く語りかけてくること）を受け取るための基盤となる。

子どもたちに、「クライマックス場面」（山場）こそ、物語において最も重要な中心場面であると説いてきた。それは、この「クライマックス場面」が、「物語全体を通して、あること（多くは、中心人物の「心」）が、最も大きく変わるところ」、すなわち、変容が最も明確に描かれる場面だからだ。

単元の学習過程を踏まえ、出来事の大きな流れを捉え、全体構成を検討して「クライマックス場面」を押さえてきた子どもたちは、ここで「大きな3つの問い」を自然にもつ。この「大きな3つの問い」は、物語によって異なる問いではない。「変容」を描く、すべての物語そのもの自体がもつ、言わば、**「必然の問い」**である。

この「最も大きく変わったこと」にかかわる「大きな3つの問い」についての自分の考えをもつためには、物語全体を深く読み返し、出来事の流れを明確に押さえつつ、人物の行動や心情、人物関係の変容を読み取らなければならない。

「発問」こそが、授業の命。そして、この「発問」が、教師が精一杯の教材研究から生み出す「子どもに発する問い」にとどまることなく、学習者の子どもたち自身が「自らに発する問い」となったとき、真の「主体的・対話的で深い学び」は、きっと実現する。

第1章
おおきなかぶ

広山隆行

1　教材解釈と単元構想

①単元の中心発問につながる教材解釈

『おおきなかぶ』は、おじいさんがまいたかぶの種が大きくなり、おじいさん・おばあさん・まご・いぬ・ねこ・ねずみが力を合わせて、おおきなかぶを引き抜くお話です。この物語は、７つの場面で構成されています。一般的な物語の構成は、「前ばなし」「出来事」「後ばなし」という流れでできていますが、『おおきなかぶ』は、「出来事」のみで話が完結し、「前ばなし」「後ばなし」がありません。おじいさんがかぶの種をまくという出来事から始まり、おおきなかぶが抜けたところで話が終わってしまいます。出来事のみで話が進んでいることが、物語をすっきりと気持ちよく終える効果にもなっています。

まず、一場面では、おじいさんがかぶの種をまきます。この種をまくときのおじいさんの言葉に注目すると、おじいさんのすごさがわかります。「あまいあまいかぶになれ」と、まず甘さを求めるのです。質なのです。その次に「おおきなおおきなかぶになれ」と、大きさを求めます。量より質です。大きさが先ではないことに注目しなくてはいけません。おじいさんが農作物を育てる者として、何を大切にしているのかがわかる部分です。ちなみに、かぶは種から成長するまでに小さいもので60日くらい、大きいものでは100日くらいかかるようです。

次に、大きくなったかぶを二場面から六場面までで抜こうとしますが、抜けません。その際に、ぬけないかぶをぬくために、一人、また一人と呼んで増やしていくことになります。おばあさん、まご、いぬ、ねこです。それでもかぶはぬけません。

ここで登場するいぬ、ねこと、後に登場するねずみですが、それぞれ仲の悪い対象としてイメージすることもあります。いぬとねこ、ねことねずみという仲の悪いイメージがおおきなかぶを抜くという目的のために、力を合わせるというおもしろさも見えます。

そして最後の七場面に、ねこがねずみを呼んできます。普通に考えたら、ねずみが力になるとは思えません。しかし、このねずみの力によって、かぶが抜けてしまうのです。体の大きさとかぶが抜けたという影響力の大きさが相反する部分です。ねずみが大きな役割を果たしている気持ちになります。ちょうど体の小さな1年生が、ぼくたちだって学校の一員として力をもっているんだという気持ちにもなります。

最後の七場面（クライマックス場面）における大きな変容をまとめると、次のようになります。「①最も大きく変わったことは何か」「②どのように変わったか」については、「大きなかぶが抜けた」とすぐにわかります。それに対して、「③どうして変わったか」については、「力を合わせてがんばったから」「協力したから」と、1年生の子どもたちであれば、すぐに答えるでしょう。しかし、こうした言葉を「そうだよね」とひと言で片づけてはいけません。

「それはどんなところから（文章から）わかるの？」

と切り返し、文章の中からもう一度読み返し、証拠となる言葉や手がかりを見つけていくような、論理的な思考を育てていく必要が出てきます。

以上のような教材解釈を踏まえて、この単元の中心発問を以下のように設定しました。

どうしてかぶは抜けたのかな？

②単元構想と発問

前述の中心発問を単元の最初に投げかけても、何となくのイメージでしか答えられませんから、書かれている言葉を根拠に、確かなイメージをつくり上げていく必要があります。数ページにわたる本格的な物語文を読むのはこの教材がはじめてです。まずは『おおきなかぶ』では、「場面」について考えます。ここでは、「場面」を構成する「時・場・人物」を1年生にわかりやすく「いつ・どこ・だれ」という用語で押さえます。場面を紙芝居に例えて事柄の順序を教え、中心発問から物語の大体を読めるようにしていきます。

重要発問①

「紙芝居をつくるとしたら、何枚いるかな?」

これから物語文を学習していく重要な要素である「場面」を紙芝居に例えて考えさせます。子どもたちの理由を「それはどうして?」と聞いていきましょう。

切り返し発問

「先生は7枚にしたんだけど、どうしてだと思う？」

先の子どもの意見をつなぎながら、場面が「時・場・人物」のどれかが大きく変わっていることを押さえます。子どもたちには「いつ・どこ・だれ」と伝えるとよいでしょう。ここで登場人物について「だれが」「どんな順序で」出てくるのか押さえておきます。

重要発問②

「どうしておおきなかぶに育ったんだろう？」

ここでは、おじいさんの育て方に「一生懸命」「大切に育てた」という意見が出ることでしょう。しかし、文章に目を向けるために次の切り返し発問をします。

切り返し発問

「おじいさんは、あまいかぶとおおきなかぶ、どっちを育てたかったのかな？」

文章では「あまい→おおきな」の順になっていることに気がつきます。甘くて、しかも大きくて、というおじいさんのつくり手としての人物像に気づかせます。

中心発問

「どうしてかぶは抜けたのかな？」

こう問いかけると、すぐに「みんなで力を合わせたから」「みんなで協力したから」という意見が出ます。間違いではありませんが、文章に根拠を求めていきます。

切り返し発問

「どうして力を合わせたってわかるの？」

「みんなが次の人を呼んできた」「みんなでつながった」「かけ声を合わせた」などが出てきます。そのうえで、さらにもう一度切り返します。

「みんなってだれ？　どんな順番で出てきたかな？」

「みんな」を、登場人物６人の出てくる順できちんと答えさせます。登場人物の体の大きさがどんどん小さくなります。一番小さい体の、しかも力も一番小さいねずみの力が大切だったことを押さえます。加えて、いぬ、ねこ、ねずみのお互いのイメージを通して、仲のよくない者同士も力を合わせたことを考えることができます。

③発問で見る単元の見取図

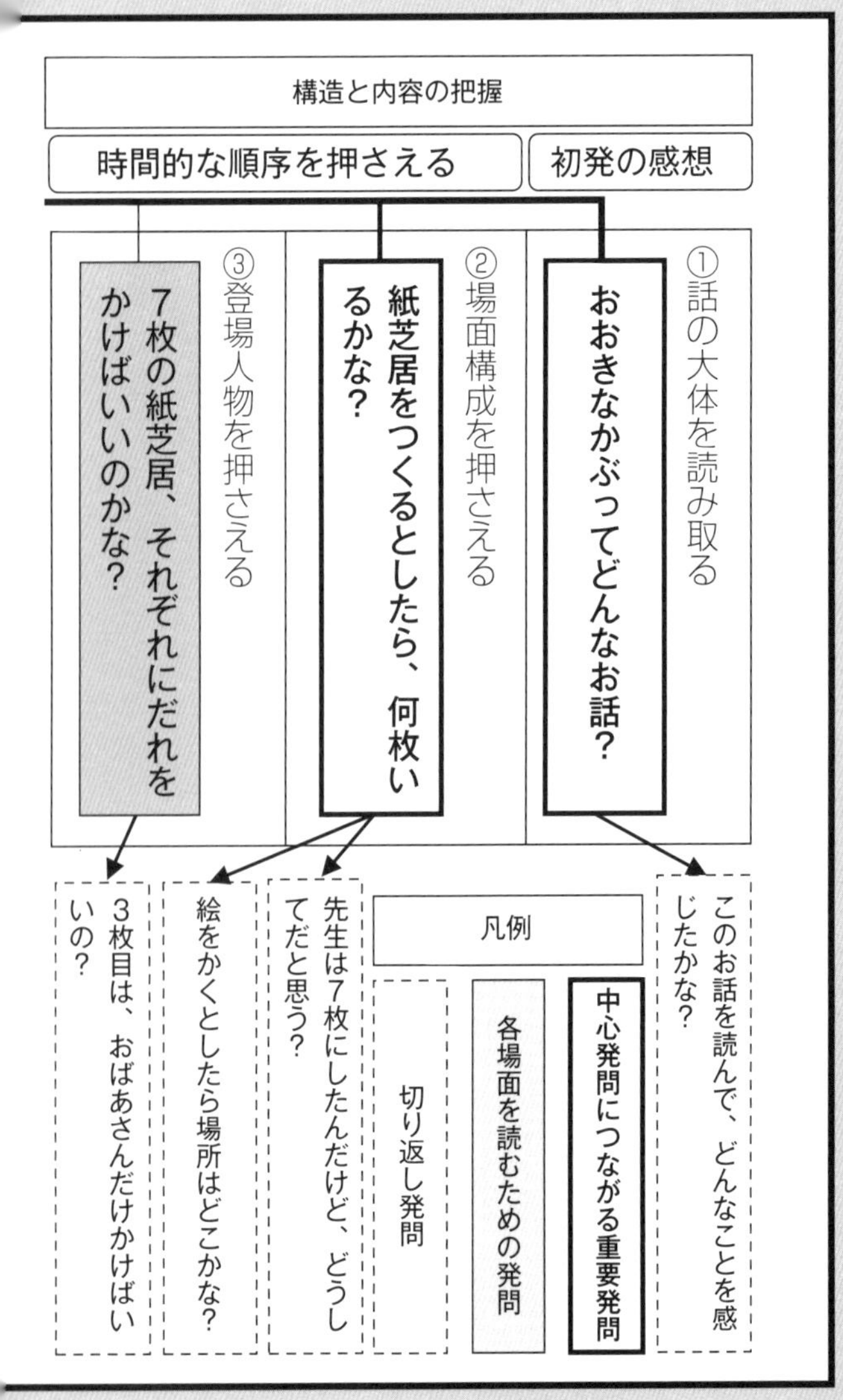

構造と内容の把握
時間的な順序を押さえる
初発の感想
①話の大体を読み取る
おおきなかぶってどんなお話？
②場面構成を押さえる
紙芝居をつくるとしたら、何枚いるかな？
③登場人物を押さえる
7枚の紙芝居、それぞれにだれをかけばいいのかな？
このお話を読んで、どんなことを感じたかな？
先生は7枚にしたんだけど、どうしてだと思う？
絵をかくとしたら場所はどこかな？
3枚目は、おばあさんだけかけばいいの？
凡例
中心発問につながる重要発問
各場面を読むための発問
切り返し発問

考えの形成・共有	精査・解釈
言語活動	教材文から根拠を探す

④おじいさんの人物像を読み取る

どうしておおきなかぶに育ったんだろう？

おじいさんは、あまいかぶとおおきなかぶ、どっちを育てたかったのかな？

おじいさんってどんな人かな？

⑤確かな読みを深める

中心発問

どうしてかぶは抜けたのかな？

どうして力を合わせたってわかるの？

みんなってだれ？

どんな順番で出てきたかな？

⑥音読発表会をする

グループで音読してみましょう。何人グループにしたらいいですか？

読むときの声の大きさは全部一緒でいいのかな？

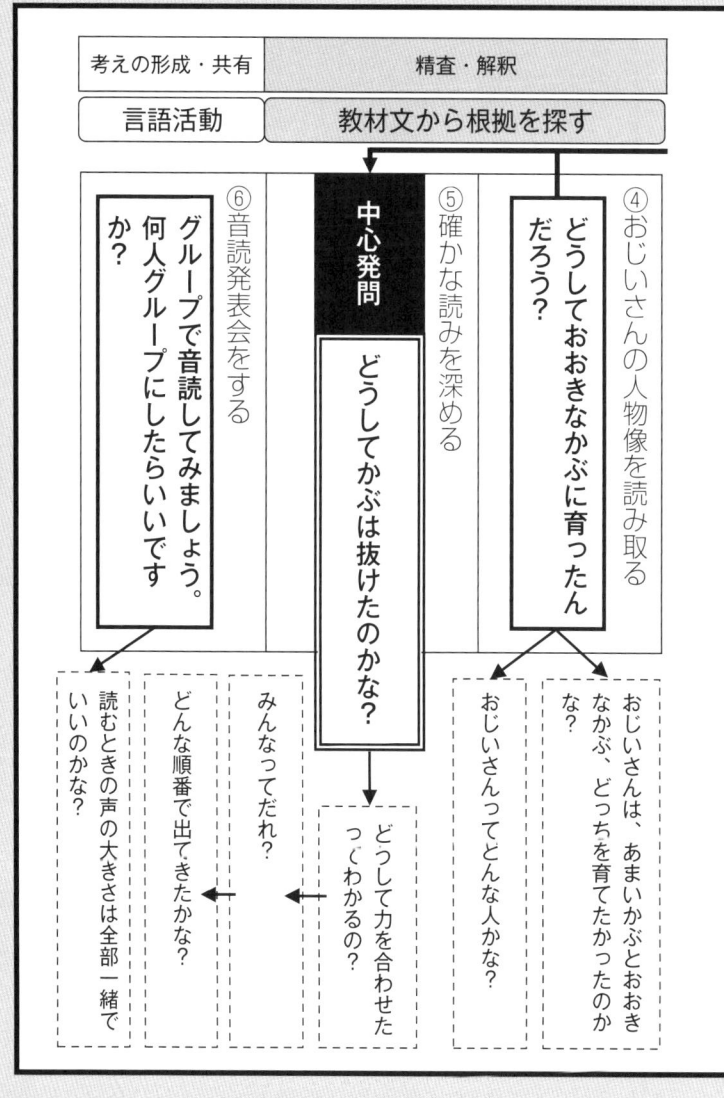

2 発問を位置づけた単元計画

●単元の中心発問
◎単元の中心発問につながる重要発問
○各場面を読むための発問
△子どもの反応に対する切り返し発問
・子どもの反応

次／時	子どもの学習活動	主な発問と反応
第一次 1時	1 教師の範読の後、みんなで音読したり一人で音読したりする。 2 子どものわからないことについて確認する。 3 話の大体について確認する。 4 はじめて読んで感じたことについて友だちと交流する。	◎**おおきなかぶってどんなお話？** ・おおきなかぶが抜けるお話。 ・おじいさんとおばあさんとまごといぬとねことねずみが出てくるお話。 ・なかなか抜けないんだよ。 △**このお話を読んで、どんなことを感じたかな？** ・かぶが抜けてよかったなって思った。 ・みんなで力を合わせてうれしかっただろうなって思った。

第二次
1時

1 「紙しばいをつくるとしたら」という課題から、場面絵が何枚必要なのか自分なりに考える。
2 教師が7枚必要だということを示し、その根拠について考える。
3 紙芝居の場面絵をかくとしたら、場所はどこになるのか考える。
4 場面が分かれる場所を確認し、場面ごとに区切って音読する。

◎**紙芝居をつくるとしたら、何枚いるかな?**
・5枚。教科書が5ページだから。
・6枚。6人出てくるから。
・いっぱい!
△**先生は7枚にしたんだけど、どうしてだと思う?**
・どうしてだろう?
・おじいさんとおばあさんとまごといぬとねことねずみが出てくるところで6枚はいると思う。
・最初のおじいさんが種をまくところで1枚いる。
△**絵をかくとしたら場所はどこかな?**
・畑だよ。
・ずっと畑。変わらないよ。

2時

1　前時での「紙芝居がなぜ7枚いるのか」について確認する。

2　紙芝居にかく絵を検討することで、それぞれの場面に出てくる人物を確認する。

3　それぞれの場面に出てくる登場人物の順番について確認する。

4　出てくる人物について、だれがだれを引っ張っているのかについて役割演技を通して押さえる。

○7枚の紙芝居、それぞれにだれをかけばいいのかな？

・最初はおじいさん。

・2枚目もおじいさん。

・3枚目はおばあさん。

△3枚目（4～7枚目）は、おばあさんだけかけばいいの？

・違うよ。おじいさんとおばあさんをかかなくちゃいけないよ。

・おじいさんの後ろにおばあさんがいるの。おばあさんがおじいさんを引っ張っている絵だよ。

3時	
1　場面ごとに「いつ・どこ・だれ」を確認しながら音読する。 2　かぶが大きく育った理由について考える。 3　おじいさんが育てたかったかぶについて考える。 4　おじいさんの人物像を捉える。	◎**どうしておおきなかぶに育ったんだろう?** ・毎日、大切に育てた。 ・水やりをいっぱいした。 ・「大きくなってね」ってお願いしながら育てた。 △**おじいさんは、あまいかぶとおおきなかぶ、どっちを育てたかったのかな?** ・大きい方だよ。たくさん食べられるもの。 ・甘い方だよ。大きくてもおいしくないと食べられない。 ・最初に「あまいかぶになれ」って言っているよ。 △**おじいさんってどんな人かな?** ・食べてくれる人のことを考えて育てる人。 ・おばあさんやまごのことも考えている人。

4時

1 最後にかぶが抜けた理由について考える。

2 力を合わせた根拠を文章の中から読み取る。

3 登場人物の順番を通して、最後に出てくるねずみの力の大きさについて考える。

4 登場人物のイメージも踏まえて、かぶが抜けた理由について物語の全体を通して読み取る。

●どうしてかぶは抜けたのかな？

・みんなで力を合わせたから。

・みんなで協力したから。

△どうして力を合わせたってわかるの？

・みんなが次の人を呼んできた。

・みんなで引っ張った。

・かけ声を合わせた。

△みんなってだれ？　どんな順番で出てきたかな？

・おじいさん、おばあさん、まご、いぬ、ねこ、ねずみ

・最後、ねずみのおかげで抜くことができた。

△いぬとねこって仲良し？

・あまり仲良しじゃない感じがする。

・それでも一緒に引っ張ったよ。

△ねことねずみって仲良し？

・あまり仲良しじゃない。

・ねずみはねこに食べられちゃうんじゃない？

・だけど、ねこはねずみを呼んできたよ。

・仲良しじゃないかもしれないけど力を合わせている。

第三次 1時
1　これまで学習したことを踏まえて、グループごとに（または一人ずつ）音読発表会を行うことを伝える。 2　どんなふうに読んだらよいのか考えながら読む。 3　グループごとに（または一人ずつ）音読発表会を行い、お互いに聞き合う。 4　お互いの発表について、感想を交流する。
◎**グループで音読してみましょう。何人グループにしたらいいですか?** ・6人グループがいいです。 △**どうして6人がいいの?** ・おじいさんとおばあさんとまごといぬとねことねずみの6人が出てくるから。 △**読むときの声の大きさは全部一緒でいいのかな?** ・だめだよ。「うんとこしょ　どっこいしょ」は、最初はおじいさんだけだったけれど、その後は、一人ずつ増えていくから、だんだん大きな声にしなくちゃいけない。

3　授業展開例

①第二次1時の授業展開例

1年生の最初の物語では、事柄の順序や時間的な順序を学習させます。これから何度も学習する物語文の基礎となる「場面」の意識をもたせます。子どもの実態から難しいこともあるので、紙芝居を例にして学習します。まずは『おおきなかぶ』を全文読む前に、「もしも紙芝居をつくるとしたら」と子どもたちに伝えたうえで範読すると、子どもたちはどこで分けられるだろうかと考えながら聞くことができます。

T　もしも**紙芝居をつくるとしたら、何枚いるかな？**
C　5ページいると思う。だって教科書が5ページだよ。

C　ええっ、6ページだよ。3人と3匹出てくるでしょ。
C　もっとたくさんあってもいいよ。たくさんあった方がおもしろい。

子どもなりの意見を受け止めましょう。理由のある子どもには理由を聞いてみます。すると、場面分けの根拠となる「時・場・人物」をすでに意識している子どもがいることもあります。子どもには子どもなりの理由がありますが、ここでは教師の方から7枚に分けたことを伝えます。その理由を考えることによって「時・場・人物」を子ども向けに「いつ・どこ・だれ」という視点で分けることを教えます。まずは、だれが出てきたかについて意識を向けましょう。

T　先生は7枚にしたんだけど、どうしてだと思う?
C　えっ　どうして7枚なの?
C　たぶんだけど、さっき6ページって言っていたでしょう?　おじいさんとおばあさんとまごといぬとねことねずみが出てくるから、そこで6枚はいると思う。
C　あっ、そうか。でもあと1枚分多いよ。

登場人物が増えていくことで場面が展開するので、6枚という考えになりやすいでしょう。7枚にするために、あと1枚をどこで分けるのかについては教師が導いてやる必要があります。時間がどれだけ過ぎていたのかについて子どもに気づかせましょう。

T　種をまいてかぶが抜けるまでって、どれくらいの時間がかかったのかな？
C　かぶってどれくらいでできるの？
C　春に種をまいたら夏くらいかな？
T　調べてみたらね、だいたい小さなかぶで60日くらいだそうです。大きなかぶになると100日くらいかかるんだって。
C　だったら、100日くらいかかったんだ。
T　そうか！　おおきなかぶを抜くのに100日かかったんだ。
C　そうじゃないよ！　育てるのに100日かかったんだよ。
C　抜くのは1日で抜いたんだよ。
T　抜くのは1日なの？
C　そうだよ。みんなを呼んでくるのは、1日だよ。

T　そうか、だったら6枚の紙芝居は1日の出来事なんだね。
C　そうそう。
C　あっ、わかった！
T　何がわかったの？
C　種をまくでしょ。次に、おおきなかぶができるでしょ。だから、種をまくときに紙芝居が1枚いると思う。
C　種をまいた絵が1枚と、1人ずつ増えていくところで1枚だ！
C　だから7枚いるんだよ。

紙芝居の枚数を子どもたちと話し合う中で、場面の構成要素である時と人物が変わっていくことに気づいていきます。

この後、話の中では変わることのないかぶが植えてあった畑という場所についても、場面の構成では大事なことなので押さえておきましょう。

②第二次3時の授業展開例

これまでの学習を振り返りながら、まずは場面ごとにだれが増えていったのかを確認しながら音読します。この時間では、最初の場面について精査していきます。おおきなかぶは物語が展開していくうえでの重要な「もの」になります。そこで、このおおきなかぶができた背景を読み深め、おじいさんの人物像に迫っていきます。

T　**どうしておおきなかぶに育ったんだろう?**
C　おじいさんが大切に育てたからだよ。
C　毎日毎日、水やりをいっぱいしたに違いない。
C　いつも肥料をやったり、雑草を抜いたりしていたと思う。
C　「おおきくなってね」って声をかけながら育てていたと思うよ。

おじいさんがどのようにかぶを育てていたのか、子どもの想像をふくらませることができます。ここから、おじいさんが何を大切にしていたのか、さらに切り返していきます。

T　毎日毎日大切に育てていたんだろうね。それで、どんなかぶができたのかな？
C　おおきなかぶ！
C　とてつもなくおおきなかぶだよ。
C　あまいかぶ。

ここで、あえて「あまいかぶ」か「おおきなかぶ」か、どちらを育てたかったのかに限定して切り返します。甘さ（質）を大切にしていたおじいさんの思いに気づかせます。

T　おじいさんは、あまいかぶとおおきなかぶ、どっちを育てたかったのかな？　どっちだと思う？
C　おおきなかぶでしょ。だっておおきなかぶができたんだもの。
C　そうそう。大きい方に決まってる。だってみんなでたくさん食べられるでしょ。
C　あまいかぶだよ。
C　うん。甘い方だよ。大きくてもおいしくないと食べられない。
C　最初に、「あまいあまいかぶになれ」って言っているよ。だから、まずはあまいかぶを育てたかったんだよ。

T　おじいさんは、まずはあまいあまいかぶを育てたかったんだよね。食べておいしいことが先なんだね。でもすごいよ。甘くて、そのうえ大きいんだから。

おじいさんがどんなかぶを育てたかったかを確認した後、おじいさんの人物像を捉えます。

T　おじいさんってどんな人かな?
C　上手にかぶを育てることができる人。
C　食べてくれる人のことを考えて育てる人。
C　おばあさんやまごが大好きだと思う。きっとかぶをおいしく食べてほしいって思ってる。

おじいさんがどんな思いでかぶを育てていたのかを知り、みんなでかぶを抜く次の時間につなげることができます。

③第二次4時の授業展開例

これまで学習してきたことを基にして、文章中から手がかりになる言葉を探しながら読みを深めます。全文を音読させた後、中心発問を投げかけます。

T　**どうしてかぶは抜けたのかな?**
C　みんなで力を合わせたから!
C　みんなで協力したからです。
C　みんなが一生懸命がんばって抜いたからです。
T　そうだね。みんなが言ってくれたように、力を合わせたり、協力したりしたんだよね。

子どもたちからは「力を合わせた」「協力した」「がんばった」などの言葉がすぐに出ることでしょう。しかし、ここで「そうだね」とまとめずに、文章に戻ります。そして、次のように切り返します。

T　どうして力を合わせたってわかるの？

C　だって、かぶが抜けなかったから、「だれかお願い」って手伝ってくれる人を探してきたでしょ？

C　そうそう。みんなでつながって、引っ張って、がんばったんだよ。

C　「うんとこしょ　どっこいしょ」ってかけ声をかけながらみんなで引っ張った！

T　そうだったね。一人ずつ呼んできて、つながって、かけ声もかけたんだよね。

文章を振り返りながら答え始めます。さらに、ここでもう一度確認します。

T　みんなってだれ？　何人いたの？

C　6人！

C　みんなっていうのはね、おじいさんでしょ、おばあさんでしょ、まごでしょ、いぬでしょ、ねこでしょ、ねずみ！

「みんな」がだれを指すのかきちんと答えられるようにします。さらに、どんな順番で出てきたのか確認し、そのうえでねずみの力の大きさについて揺さぶりをかけます。

T　どんな順番で出てきたかな？
C　最初におじいさん。次におばあさん。その次にまご。その次にいぬ。その次にねこ。最後にねずみ。
T　この順番、何か気がついたことない？
C　人間から動物になってる。
C　わかった！　体がだんだん小さくなってる！
C　力も弱いかもしれないよ。
T　そうだね。体が小さいと、力も小さいよね。
T　最後にやってきたねずみって体が小さいでしょ？　力も弱いかもしれない。でもさぁ。ねずみがいないと、かぶはどうだった？
C　抜けなかった！
T　抜けなかったよね。小さなねずみさんの力も大事だったんだよね。

さらに、だれがだれを呼んできたのかについて考えさせます。

T　いぬとねこって仲良し?
C　あんまり仲がよくなさそう。
T　ねことねずみって仲良し?
C　ねずみがねこに食べられそう。
T　このお話はどうだった?　いぬがねこを呼んできて、一緒に引っ張ったよね。ねこがねずみを呼んできて、一緒に引っ張ったよね。仲がいいとか仲が悪いとか、そんなこと関係なく、みんなで力を合わせているよね。

このようにして、「力を合わせた」「協力した」というその中身まで精査し、作品の解釈を深めていきます。

第2章
スイミー

宍戸寛昌

1　教材解釈と単元構想

①単元の中心発問につながる教材解釈

『スイミー』は、大きく5つの場面に分かれています。まず、「前ばなし」で物語の舞台と中心人物であるスイミーの設定が語られます。そして、大きな事件が起きて解決するまでが「起承転結」の構成で描かれているのです。

起「恐ろしい出来事が起こる」 赤い魚の兄弟たちが食べられてしまい、一匹で逃げる

承「徐々に心の傷が回復する」 海の中でくらげやいせえびなどのおもしろいものを見る

転「解決の見通しが示される」 新しい兄弟たちを見つけ、大きな魚になる練習をする

結「すべての問題が解決する」 スイミーが目になり、力を合わせ大きな魚を追い出す

その後どうなったかという「後ばなし」は省略されているため、きっとスイミーたちは楽しく暮らしたのだろうという明るくさわやかな読後感を得られるようになっています。

ところで、みんなで力を合わせて問題を解決する物語として多くの2年生が想起するものは何でしょう。おそらく、1年生で学習した『おおきなかぶ』ではないかと思われます。

しかし、『おおきなかぶ』と『スイミー』では、テーマに次のような違いがあります。

『おおきなかぶ』　大きなかぶを抜くことができたのは、みんなで力を合わせたから

『スイミー』　大きな魚を追い出すことができたのは、みんなで力を合わせる方法を考え、呼びかけ、指導したリーダー（スイミー）がいたから

ですから、中心発問は必然的に、黒くて泳ぎの速いことだけが取り柄だったスイミーが、どのようにリーダーへと変容していったかを追うものになります。

大きな魚を追い出すことができたのは、スイミーが○○だから。

このように、疑問を投げかけるのではなく、穴埋めをするような形式で中心発問を提示すると、子どもは自ら○○に入る言葉は何かを考え始めます。

おそらく、初読で出てくる答えは、大きく次の4つに分類できるでしょう。

①他の兄弟たちと違っていたから

この答えは一場面の黒くて泳ぐのが速いという人物設定につながっています。

②とても怖く、さみしく、悲しい経験をしたから

この答えは二場面の赤い魚の兄弟たちが全部食べられたときの心情につながっています。

③とても楽しい経験をしたから

この答えは三場面のくらげ、いせえびといったすばらしいものの描写につながります。

④いろいろ考えたから

この答えは四場面のスイミーがリーダーへと変容するきっかけにつながります。

これらの答えが、4つの場面のそれぞれに無理なく無駄なく見つけることができるのは、『スイミー』が成長の物語として典型になり得ることを示しています。

②単元構想と発問

前述の4つの理由づけは、すべてスイミーの成長に欠かすことのできない事実や経験であり、答えを1つに絞れません。また、物語の展開に沿っているために、順番に考えていかなければ深まりが生まれないのです。そこで、それぞれの理由づけを重要発問とすることで、中心発問の真の答えに迫っていく、次のような単元構想をつくることができます。

重要発問①

「スイミーが他の兄弟たちと違っていたのは、どんなところだろう？」

一場面を読み深めるこの発問は「スイミーが特別だからリーダーになった」という答えに着地します。おそらく子どもは「身体が真っ黒なところ」「泳ぐのが速いところ」という2つに気づくため、それらの描写を読む活動が中心になります。しかし、物語の結末を知っている子どもに、次のような切り返しの発問をすることで、読みの質を深めます。

切り返し発問

「身体が黒かったり、泳ぐのが速かったりしたからスイミーはリーダーになれたの？」

重要発問②

「スイミーの経験した、怖く、さみしく、悲しいこととは、それぞれ何だろう？」

二場面を読み深めるこの発問は「辛い思いをしたからこそ、スイミーはリーダーになった」という答えに着地します。「何が怖かったの？（闇・マグロ）」「何がさみしかったの？（孤独）」「何が悲しかったの？（兄弟の死もしくは自分の無力）」という問いだけでも十分スイミーの心情に寄り添いますが、さらに次のような切り返しの発問をします。

切り返し発問

「3つの中で、スイミーが一番辛かったのはどれですか？」

重要発問③

「スイミーが出会った、一番すばらしいものとは何だろう？」

三場面を読み深めるこの発問は「みんなの知らない外の世界のすばらしさを知ったからこそ、リーダーになれた」という答えに着地します。ですから、重要発問を受け取った子どもがそれぞれ「くらげが一番だよ」「いやいやうなぎだよ」と答えたら、その理由を交流するだけで十分で、合意形成させる必要はありません。しかし、そこにもう1つの選択肢として「小さな魚のきょうだいたち」を加えたら、子どもの心は大きく揺れ動くはずです。さらに、次の切り返しの発問で文中の言葉に着目させ、話し合いの質を深めます。

切り返し発問

「「見る（見た）」と「見つけた」はどう違いますか？」

重要発問④

「スイミーはどうしていろいろ、うんと考えなければならなかったのだろう？」

四場面を読み深めるこの発問は「強い思いをもって、粘り強く考えたり指導を続けたりしたからこそ、スイミーはリーダーになった」という答えに着地します。3回出てくる「考えた」の様子を並列にするのではなく「いろいろ」とは考え（方法）の種類を、「うんと」は考えの深さを、それぞれ表しているのだと説明することで、子どもはスイミーの「みんなを助けたい、そして楽しいものを見せたい」という強い思いに近づいていくことができます。そのうえで、次のような切り返し発問で思いをふくらませるようにします。

切り返し発問

「スイミーは他にどのような作戦を考えたのかな？『たとえば…』で書いてみよう」

③発問で見る単元の見取図

①

スイミーが他の兄弟たちと違っていたのは、どんなところだろう？

身体が黒かったり、泳ぐのが速かったりしたからスイミーはリーダーになれたの？

〈深める〉スイミーが赤かったり、泳ぐのが遅かったりしたらどうなる？

〈埋める〉他の兄弟たちはスイミーをどう思っていただろう？

〈引き寄せる〉自分がみんなと違うところはどこだろう？

②

スイミーの経験した、怖く、さみしく、悲しいこととは、それぞれ何だろう？

3つの中で、スイミーが一番辛かったのはどれですか？

〈深める〉他の兄弟たちが生き残る方法は、本当になかったのだろうか？

〈埋める〉逃げられたのが自分だけだと気づいたのは、いつだろう？

〈引き寄せる〉スイミーのような悲しい思い出が自分にあるだろうか？

中心発問

③ スイミーが出会った、一番すばらしいものとは何だろう？

「見る（見た）」と「見つけた」はどう違いますか？

〈深める〉海の生き物は本当にすばらしく、おもしろいものだろうか？

〈埋める〉スイミーは今まで生き物を見たことがなかったのだろうか？

〈引き寄せる〉自分にとって見ると元気になるものは何だろう？

④ スイミーはどうしていろいろ、うんと考えなければならなかったのだろう？

スイミーは他にどのような作戦を考えたのかな？ 「たとえば…」で書いてみよう。

〈深める〉3回出てくる考える様子はそれぞれどう違うだろう？

〈埋める〉もしスイミーがそれほど考えなかったらどうなっただろう？

〈引き寄せる〉スイミーのように考えたことは自分にあっただろうか？

⑤ 大きな魚を追い出すことができたのは、スイミーが○○だから

凡例

- 中心発問につながる重要発問
- 切り返し発問
- さらに深める発問

2 発問を位置づけた単元計画

●単元の中心発問
◎単元の中心発問につながる重要発問
○各場面を読むための発問
△子どもの反応に対する切り返し発問
・子どもの反応

次/時	子どもの学習活動	主な発問と反応
第一次 1時	1 これまでに読んだ教材を基に、好きな中心人物像について交流する。 2 教師の範読を聞く。 3 中心発問に対する答えを考え、友だちと意見を交流する。 4 単元の学習課題と計画を設定する。	●**「大きな魚を追い出すことができたのは、スイミーが○○だから」○○に入る言葉は？** ・仲間が食べられて悲しい思いをしたし、くらげなどの楽しいものも見たからかなあ。 ・それもそうだけど、スイミーが追い出す方法を考えたのが大きいんじゃない？ △**どの場面に大きなヒントが隠れていそうかな？** ・やっぱり四場面でしょ。たくさん考えているもの。 ・でも、考えたのは二の場面がきっかけでしょ？ ・そう考えると、どの場面にもヒントはありそうだね。

2時	1　一場面からわかるスイミーの特徴とリーダー性とはつながるのか、という課題をもつ。 2　各自で教材文からスイミーの特徴を抜き出す。 3　全体でスイミーの特徴とリーダー性をつなげる話し合いをする。 4　「スイミーがリーダーになれたのは…」という形で読み取ったことをノートにまとめる。	**◎スイミーが他の兄弟たちと違っていたのは、どんなところだろう？** ・一匹だけ身体が真っ黒なところです。 ・それから、泳ぐのが速いところです。 **△身体が黒かったり、泳ぐのが速かったりしたからスイミーはリーダーになれたの？** ・黒いから四場面で目になったんだよね。 ・でも、黒いからリーダーになれたわけじゃないよ。 ・泳ぐのが速いから逃げられたけど、それもリーダーとは関係ないかなあ。
3時	1　二、三場面からわかるスイミーの辛い経験とリーダー性とはどうつながるのか、という課題をもつ。 2　各自で二、三場面を音読し、スイミーの3つの感情は、それぞれ何に起因しているかを表にまとめる。	**◎スイミーの経験した、怖く、さみしく、悲しいこととは、それぞれ何だろう？** ・怖かったのは、暗い海の底だからです。 ・それから、いつまぐろが追いかけてくるかも怖かったと思います。 ・さみしかったのは、兄弟がみんな食べられて、ひとりぼっちになってしまったからです。 ・悲しかったのは、兄弟が死んでしまったことです。

時	学習活動	発問・反応
	3 3つの感情が何を表しているかを共有し、最も辛かったのはどれかを話し合う。 4 「スイミーがリーダーになるためには…」という形で、読み取ったことをノートにまとめる。	△**3つの中で、スイミーが一番辛かったのはどれですか？** ・怖いのとさみしいのとは似ているね。どっちも暗い中にひとりぼっちだからそういう気持ちになるんだ。 ・それなら、悲しかったのが一番辛いんじゃない？ もう兄弟たちはいないんだもの。スイミーかわいそう。
4時	1 三場面に出てくるたくさんの生き物とスイミーのリーダー性はどうつながるのか、という課題をもつ。 2 各自で三場面を音読し、スイミーが元気を取り戻すうえで一番大きな力になったものはどれかを考える。 3 それぞれの生き物と新しい兄弟たちとを比べ、物語における役割の違いについて話し合う。 4 「スイミーがリーダーになろうとしたのは…」という形で、読み取ったことをノートにまとめる。	◎**スイミーが出会った、一番すばらしいものとは何だろう？** ・うなぎじゃない？ 長すぎるからスイミーがびっくりしているのがすごくよくわかるよ。 ・くらげやいせえびだってびっくりしたと思うよ。 △**新しい兄弟たちも加えたら、どれでしょう。** ・あっ、それなら兄弟たちだよ。会えてうれしかったはずだもの。 ・そうかなあ、くらげの方がめずらしいんじゃない？ △**「見る（見た）」と「見つけた」はどう違いますか？** ・あっ、そうか。くらげやいせえびみたいな楽しいものは、目に入ってくる感じだけど、兄弟たちはスイミーが探していたから見つけたんだよ。

5時	1 「スイミーは考えた。いろいろ…。うんと…」の言葉から、どうしてそこまで考えたのかという課題を捉える。 2 各自でスイミーが深く考えた理由をまとめる。 3 各自がスイミーのように作戦を考え、互いに検討することで、スイミーの作戦のすばらしさに気づく。 4 「スイミーがリーダーにふさわしいのは…」という形で読み取ったことをノートにまとめる。	**◎スイミーはどうしていろいろ、うんと考えなければならなかったのだろう？** ・もし失敗したら、また兄弟たちを失ってしまうことになるから。 ・大きな魚を追い出すのは大変なことだから。 **△スイミーは他にどのような作戦を考えたのかな？「たとえば…」で書いてみよう。** ・たとえば、うなぎやいせえびに助けてもらう作戦は？ ・たとえば、住むところを毎日変える作戦は？
第二次 1時	1 これまでの学びを生かしながら、中心発問に対する自分の考えをまとめる。 2 それぞれの考えを交流し、賢くて勇気があるという主人公像を共有する。	**●もう一度聞きます。大きな魚を追い出すことができたのは、スイミーがどんなリーダーだからですか？** ・悲しいことはもう嫌だと決めて、仲間を助けようとする勇気があるリーダーだからです。 ・仲間を助けるために、いろいろうんと考えたり、動きを教えたりする優しいリーダーだからです。

	3 レオ・レオニ作『フレデリック』の範読を聞く。 4 フレデリックとスイミーについて、似ているところの有無を交流する。	**△フレデリックとスイミーには似ているところがあるかな?** ・全然違います。フレデリックはみんなが働いているときに怠けていて、とてもリーダーにはなれません。 ・似ているところがあります。どちらも仲間とは違うところがあって、それをうまく生かして助けています。
2時	1 スイミーと似ているところを見つけるために、フレデリックが特別なところを探す、という課題を捉える。 2 各自で作品を読み、場面ごとのフレデリックと仲間のねずみの違いを抜き出す。 3 フレデリックのよさをひと言で表し、互いの考えを交流し合う。 4 最初の場面と最後の場面で変わったことは何か、読み取ったことをノートにまとめる。	**○冬の一番辛い時期、みんなが勇気づけられたのは、フレデリックが○○だから。○○に入る言葉は?** ・天才だから。夏の間に光や色や言葉をためこんでおくなんて、普通なら考えられないです。 ・ちょっと変わっていたから。他のねずみと同じことをしていたら、みんな冬を越せなかったと思います。 **△もし、自分が仲間のねずみだったら、フレデリックのことをどう思うだろう?** ・みんな一生懸命働いているのに、何で働かないんだろう。まじめにやってよ。 ・夏と冬で思うことが変わると思います。スイミーは自分が変わったけれど、フレデリックは仲間の見方が変わったみたいです。

第三次 1時	1 「スイミー」と「フレデリック」という二人の中心人物を比べ、その特徴をまとめるという課題を捉える。 2 グループで、スイミー・フレデリックと仲間との違いをひと言でまとめ、全体で交流する。	**○フレデリックやスイミーが、他の仲間と違うところをひと言で表すと何になるだろう？** ・スイミーは仲間と違って、あきらめずに考えました。また、フレデリックは仲間と違うものをためていました。だから、二人とも未来を見ているところが大きな違いです。 ・スイミーは、仲間を引っ張るリーダーでした。また、フレデリックは、仲間が農家の人みたいなのに、一人だけ芸術家のようでした。だから、二人とも役割が違うと思います。
2時	3 これまでに読んできた主人公像を基に、友だちにしたい人物を選び、その理由をまとめて、友だちと交流する。 4 単元の学びを振り返り、これからの読みに生かせそうなことをまとめる。	**△あなたが友だちにするのならば、スイミーとフレデリックのどちらがいいですか？** ・スイミーがいいです。だって、困ったときにも助けてくれそうで、頼りになるからです。 ・フレデリックがいいです。だって、暗い気持ちになっても、おもしろいことを言って明るくしてくれそうだからです。

3　授業展開例

①第一次2時の授業展開例

前時に子どもは教材文と出合い、スイミーたちが大きな魚を追い出したという物語の結末を知っています。そして、事件解決の大きな原動力となったのが、スイミーのもつ知恵や勇気といった個性によるものだという因果関係にも気づいています。この個性には、黒くて泳ぎが速いという身体上の特徴も含まれていると子どもは考えます。そこで本時では、設定場面におけるスイミーの個性について読み深めていくことにします。

まず一場面を音読し、時、場、人の設定を確かめた後、次のような質問をします。

T　**スイミーが他の兄弟たちと違っていたのは、どんなところだろう?**

この答えは教材文中から読み取りやすいため、「黒い」「速い」という単語がほとんどの子どもからあげられます。そこで、一度ペアで意見を交流させた後、一文の形式でノートに書いて発表させます。

C　みんな赤いのに、一匹だけ体が真っ黒なところ。
C　くわしく言うと、体がからす貝よりも真っ黒なところです。
C　そうそう、他の兄弟たちは赤いのにね。
C　それから、泳ぐのが速いところです。
C　「だれよりも」と書いてあるから、ものすごく速かったんじゃないかなあ。

このまま教材文を根拠としながら意見を出し合っても、これ以上は広がりも深まりも生まれません。そこで、次のような切り返し発問をして、思考を揺さぶっていきます。

T　スイミーは、物語の最後に赤い魚たちのリーダーとして大きな魚を追い出すよね。身体が黒かったり、泳ぐのが速かったりしたからスイミーはリーダーになれたの？

この言葉で、子どもの思考は一場面から一気に四、五場面へと飛びます。また、思考を進める中で、二場面も視野に入ってきます。このように、場面を越えて物語全体を関係づけながら考えていく姿勢をもたせることが大切です。「それは次の場面でやるから今日は言いません」という教師の都合を押しつけないようにしましょう。

C　ええと、リーダーになったのは物語の後ろの方だよね。
C　そう、四場面だよ。いろいろ考えて、みんなに教えているところはもうリーダーになっているよ。
C　みんなの役に立つのがリーダーだから、最後のスイミーはすごくリーダーに合っているよ。
C　でも、泳ぎが速い方がとリーダーに向いているのかな？　ううん…、わからない。

ここで思考を整理させるため、黒いこと、泳ぎが速いことがどう役立っているのかを一人ひとりに書かせます。

C　泳ぎが速いことは、二場面でまぐろから逃げるときに役立っています。
C　あっ、黒いこともそうだよ。海の底の暗い方に逃げているからね。

スイミーの身体上の特徴は、二場面で役に立っただけで、リーダー性とは無関係であるという意見に固まりつつあると見取り、教師はもう一度揺さぶります。

T　マグロから逃げられたことと、リーダーになれたことは、本当に関係ないの？
C　関係はあります。悲しい思いもしたし、マグロのこともわかったから。
C　あっ、最後の場面で泳ぎ方を教えられたのは、泳ぐのが速かったからじゃない？
C　そうだよ。そうじゃないと教えられないよ。
C　そう考えると、リーダーのスイミーが目になるのが一番いいから、身体が黒いことも意味があるんだ。

設定場面で語られる人物の特徴は、最後まで物語を方向づける大切なものであることを共有して、この授業を終えます。

②第一次4時の授業展開例

三場面で海の楽しいものに出合い、少しずつ元気を回復していくスイミー。本時は、その心情に寄り添いながら読むことがねらいです。

教材文の三場面を音読した後、次の発問を投げかけます。

T　スイミーが出会った、一番おもしろいものとは何だろう?

「一番」という言葉が出てきたことで、これまで並列で捉えていた事例をもう一度読み直す姿が生まれます。子どもは、海の生き物を比較する様々な視点を考え出します。

C　うなぎが一番だと思います。長すぎるからスイミーがびっくりしているのがすごくよくわかるよ。

T　長すぎるというのはいい表現だね。みんなでどれだけ長いか確かめてみよう。

教材文から「かおを見るころには…」の部分を音読します。これだけでもうなぎの長さは伝わってくるのですが、さらに読みを深める視点を与えます。

T　スイミーは、うなぎの顔としっぽのどちらから見ていったのでしょう?

文をよく読めばわかるのですが、スイミーはしっぽの方から泳いで、最後に顔にたどりついています。うなぎの身体が長すぎて、顔に着くころにはしっぽを忘れているほど時間がかかるということです。2年生の子どもには、うなぎの絵を板書して、スイミーの泳いだ軌跡を示してあげると理解が深まります。

C　そっかあ、スイミーは小さいから、うなぎが新幹線みたいに長く感じたんだね。
C　確かにうなぎもいいけど、魚たちも楽しいよ。だって、見えない糸で引っぱられているってすごくよくわかるんだよ。熱帯魚はスー、ピッって動くから。

一つひとつの生き物の特徴が、少ない言葉で生き生きと描かれていることを共有できたところで、さらに読みを深める発問をします。

T　おもしろいものがたくさん出てきたね。では、**スイミーが出会った一番すばらしいものとは何だろう？**

C　えっ、どちらも同じじゃないの？

C　「おもしろいものを見るたびに」とあるから、くらげからいそぎんちゃくまではおもしろいものだよね。

C　その他には出てこないよ。なのにどうして「すばらしいもの」と「おもしろいもの」に分けて書いているんだろう。

子どもの視野は三場面に固定されたままです。そこで、次の発問で揺り動かします。

T　スイミーが出会えて一番うれしかったのはどれですか？

C　うれしい？　おもしろいじゃなくて？

C　場面は変わるけれど、次の行で新しい兄弟たちと出会います。うれしいかどうかだっ

たら、兄弟たちが一番です。（「ああ～」というまわりの子どもたちの声）
C　あっ、それなら兄弟たちだよ。一番会いたかったんだから、一番すばらしいものだよ。
C　そうかなあ、くらげの方がめずらしいんじゃない？　そっちの方がすばらしいかも。

海の生き物たちと兄弟たちとの意味合いの違いがはっきりしない子どもが多いため、教材文の記述に立ち返る発問をします。

T　「見る（見た）」と「見つけた」はどう違いますか？
C　「見る」は海の生き物たちで、「見つけた」は兄弟たちです。
C　あっ、そうか。くらげやいせえびみたいなおもしろいものは勝手に目に入ってくる感じだけど、兄弟たちはスイミーが探していたものだから、「見つけた」になるんだ。

海の生き物たちのおもしろさを一つひとつ確認し、スイミーが元気を取り戻していく様子を捉えるとともに、兄弟たちとの出会いが特別なものであることを読み取ることができました。このように並列の事柄を読み深めるには、比較する視点を与えることが重要です。

③第三次1時の授業展開例

第一次では、他の兄弟たちとは違って仲間を助ける方法を考え続けたスイミーの特別さを、第二次では、他のねずみとは違い言葉や色を集め続けたフレデリックの特別さを、それぞれ学びました。『フレデリック』を読み解く過程で、スイミーとの類似性に気づく意見は散見されますが、第三次では比較することを主軸に置いた学びを進めていきます。

T　フレデリックやスイミーが、他の仲間と違うところをひと言で表すと何になるだろう？

この発問は抽象度が高いため、細かくかみ砕いて少しずつ進める必要があります。まずは、黒板に十字の線を引き、四分割します。右上にスイミー、右下に赤い魚の兄弟たちと書き、矢印でつないだ後、赤い魚の兄弟たちとスイミーとの違いを発表させ、箇条書きにしていきます。

・体の違い（真っ黒、泳ぐのがだれよりも速い）

・経験したことの違い（悲しい思いをした、おもしろいものを見た）
・思いの違い（みんなを助けたい、大きな魚を追い払いたい）
・リーダー性の違い（方法を考え続けた、動き方を教えた）
次に、左上にフレデリック、左下にねずみの仲間たちと書き、同じように考えます。
・大切にしているものの違い（言葉、色、光などの食べられないもの）
・見ているものの違い（冬の一番辛いときのことを考えている）
・考え方の違い（みんなと違ってもいい、無理に助けようと思わない）
そして、スイミーとフレデリックの共通点をひと言にまとめさせます。一人ひとりが案を考えた後、グループで合意形成させます。

C　わたしたちは「未来」だと思いました。スイミーは兄弟たちと違って、あきらめずに大きな魚を追い出す方法を考え続けました。また、フレデリックは仲間と違うことをしてでも、大切だと思うものをためていました。だから、二人ともちょっと先の「未来」を見ているところが大きな違いです。
C　「役割」です。スイミーは、仲間を引っ張るリーダーでした。また、フレデリックは、仲間が農家の人みたいなのに、一人だけ芸術家のようでした。だから、二人とも役割が違うと思います。

考えてもなかなか言葉が見つからない場合には、教師が考えておいた5つぐらいの案から選択させるのもよいでしょう。大切なのは、言葉の後に続く理由づけです。

ここまで学習が深まったら、最後は自分の言葉で思いきり二人の主人公について語る場を設けます。次のような発問で、「語りたい」という意欲はぐんと高まるはずです。

T　あなたが友だちにするのならば、スイミーとフレデリックのどちらがいいですか?

C　スイミーがいいです。だって、わたしが困ったときにも助けてくれそうで、頼りになるからです。

C　フレデリックがいいです。だって、何かあって暗い気持ちになっても、おもしろいことを言って明るくしてくれそうだからです。

このような中心人物の人物像に迫る授業を、2年生では大切にしたいものです。

第3章 お手紙

小林康宏

1　教材解釈と単元構想

①単元の中心発問につながる教材解釈

物語教材の多くは、導入―展開―山場―終結のように4つに分けることができます。

導入部分は、物語の「時・場所・登場人物」が読者にわかるように明示されるのが普通です。しかし、この教材では、かえるくんとがまくんという登場人物と、がまくんの家の玄関という場所は明示されていますが、「時」ははっきりせず、いきなりがまくんがお手紙を待っているという事件から物語が始まります。従って、この教材は「展開」から始まっていると考えることができます。なお、『お手紙』が収められている『ふたりはともだち』には、4月、冬眠から覚めるころを描いた『はるがきた』や、がまくんがワンピースの水着で川を泳ぐ『すいえい』という作品が共に収められていることから「時」は春から夏にかけてということが推測できます。

　中心人物は視点人物と考えるとかえるくん、最も大きく変化した人物と考えるとがまくんではないか、となります。子どもは両方の人物の気持ちに寄り添って読んでいきます。学習用語は、教材をよりよく学ぶためのものであり、学習用語の定義に教材を無理にあてはめては読みを狭くしてしまうということに留意する必要があります。

　さて、毎日お手紙を待つがまくんは、今日も玄関で、一人でお手紙を待っています。『ふたりはともだち』に収められている『なくしたボタン』の話の中でがまくんからもらったと思われるジャケットを着たかえるくんは、がまくんから、その悲しい気持ちを打ち明けられます。がまくんは無論悲しいのですが、友だちであるかえるくんも自分の無力感等を感じ、悲しい気持ちになります。

　がまくんの悲しみを解消したいかえるくんは、自分がお手紙を書くことをひらめきます。一刻も早くお手紙を書き、がまくんに届けたいと思います。それが、かえるくんが家に帰り、かたつむりくんに出会うまでの一文の短さや「大いそぎ」「とび出しました」といった表現に表れています。

　三場面の前半では、手紙を預けたかたつむりくんがなかなか来ず、焦るかえるくんと、来るはずのない手紙を待つように言われ、怒りや孤独感が募っていくがまくんとの緊迫したやりとりが展開されます。

かたつむりくんがすぐ来ると思っているかえるくんが手紙を待つように言えば言うほど、がまくんは気分を害していきます。かえるくんは、そんながまくんに対してどんどんいたたまれない気持ちが高まっていきます。

そしてついに、三場面後半では、かえるくんが手紙を書いたのは自分であることを告白し、手紙の文面までがまくんに話してしまいます。

それを聞いたがまくんは「とてもいいお手紙だ」と答えるのですが、そのときの二人の幸福な気持ちをたっぷりと想像させたいものです。中心発問は次のようにします。

> 「とてもいいお手紙だ」とがまくんが言ったとき、二人は心の中で何と言ったでしょう?

その後、お互いにどんなに相手を大切に思い合っているかを噛み締めるように、四日間幸せな気持ちでお手紙を待ち、かたつむりくんからお手紙を受け取ります。

②単元構想と発問

この教材は、会話文が多用されています。また、場所の変化が場面の転換の基準になっています。従って、単元前半の構造と内容の把握の段階では、だれがどの会話文を話しているのかということや、どこで物語が展開しているのかを確実に押さえます。だれがどこで何をしたり、何を言ったりして、どうなったのかという、物語の大まかな内容を捉えさせます。また、「親愛なる」といった言葉の意味についても理解させていきます。文章に書かれていることに対する確かな理解に基づいたうえで、書かれていないことを想像する精査・解釈の段階へと移行します。

重要発問①

「二人の悲しい気分の中身は同じでしょうか?」

二人は共に悲しい気分になるのですが、その内実については、手紙をもらえない孤独感をもつがまくんと、そんながまくんへの共感とともに、友人が抱えていた悩みに、無力感やこれまで気づけず申し訳ないといった罪悪感等をもつかえるくんとでは、共通性はあるものの、違いがあります。お互いの悲しみについて多様な考えを引き出したいところです。

切り返し発問

「『毎日、ぼくの…』を聞いたかえるくんは、どんな気持ちになったでしょう？」

かえるくんはがまくんに共感しているという解釈以外にも、かえるくんの悲しみを想像させたいところです。「毎日、ぼくの…空っぽさ」を聞いたかえるくんは、がまくんの寂しさに気づけなかった自分をどう思ったでしょうか。

重要発問②

「二場面でのかえるくんはどんな気持ちだったでしょう？」

ここは、がまくんに自分が手紙を出すことをひらめいたかえるくんが、一刻も早く手紙を届けたいという思いで行動していることに気づかせたいところです。

重要発問③

「三場面前半の二人はどんな言い方で話していたでしょう？」

がまくんに手紙を待つことを促すかえるくんと、拒否しようとするがまくんの二人の緊張感のあるやりとりを、役割演技等を通して体験させたいところです。それぞれの役になって会話文を話し、その「理由」を伝え合うことで、両者の気持ちを想像させます。

中心発問

「『とてもいいお手紙だ』とがまくんが言ったとき、二人は心の中で何と言ったでしょう?」

かえるくんの気持ちについては書かれていないので、想像したことを述べやすい一方、がまくんについては「とてもいいお手紙だ」と気持ちが書かれてしまっているので、子どもにとってはかえって説明しにくいと言えます。そのために、心内語を考えさせるとともに、言葉の意味に目をつけ、考えさせていきます。

切り返し発問

「『親友』と『友だち』の違いに目をつけてみましょう」

言葉の意味に着目させることで、教材文に基づいた解釈につなげます。

③発問で見る単元の見取図

かえるくん	無力感	心配	困惑　期待
がまくん	孤独感		あきらめ　怒り

凡例
- 中心発問につながる重要発問
- 切り返し発問

①がまくんの家の玄関

二人の悲しい気分の中身は同じでしょうか？

「毎日、ぼくの…」を聞いたかえるくんは、どんな気持ちになったでしょう？

②かえるくんの家と道中

二場面でのかえるくんはどんな気持ちだったでしょう？

「二人ともかなしい気分で…」と比べて二場面の一文の長さはどうなっているでしょう？

かえるくんはなぜかたつむりくんに手紙を渡したのでしょう？

③がまくんの家の中

三場面前半の二人はどんな言い方で話していたでしょう？

「かえるくんは…まだやってきません」は2回ありますが、言い方は変わりますか？

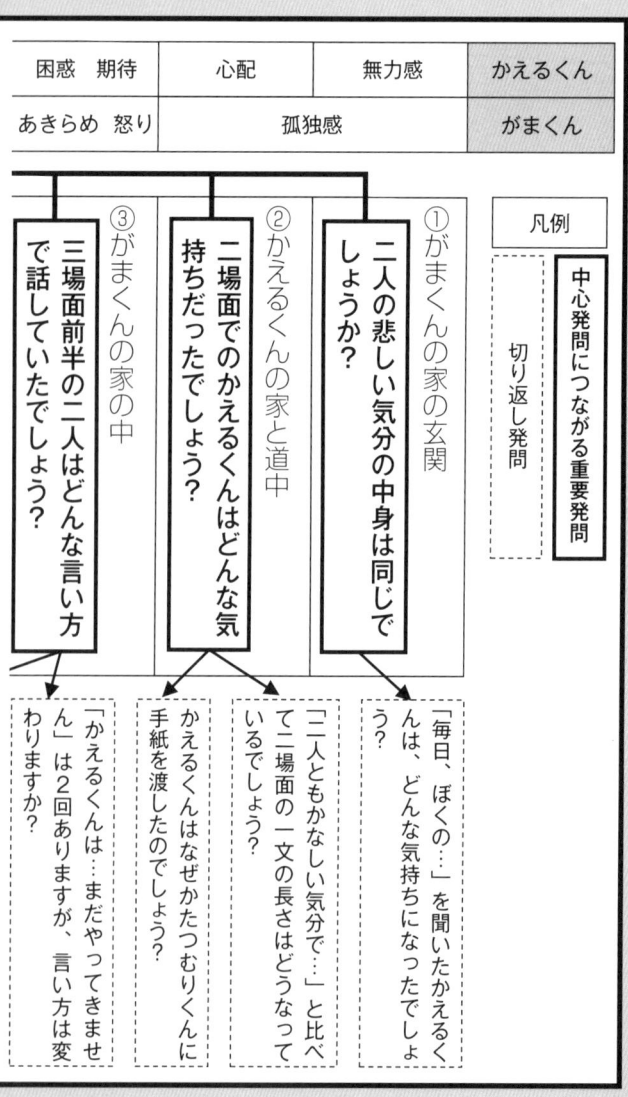

幸福感 安心感	焦り
	不安

中心発問

「とてもいいお手紙だ」とがまくんが言ったとき、二人は心の中で何と言ったでしょう?

役割を決めて読むときの工夫はどうなりますか?

「親友」と「友だち」の違いに目をつけてみましょう。

④がまくんの家の玄関

お手紙が届いたとき、二人は何をしたでしょう?

お手紙を届けてくれたかたつむりくんに何と言ったでしょう?

二人はお手紙をどんなふうに読んだでしょう?

みんなだったら二人にどんな手紙を書きますか?

一番心に残ったことを書き出して、そこが一番心に残ったわけと一言メッセージを考えましょう。

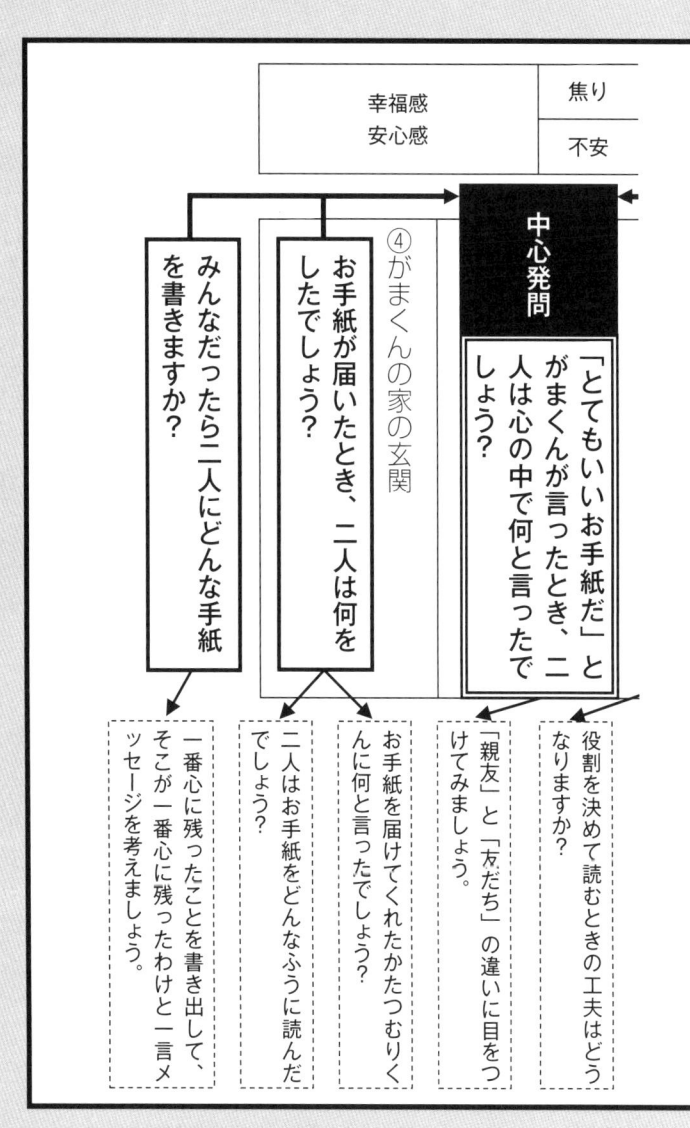

2 発問を位置づけた単元計画

●単元の中心発問
◎単元の中心発問につながる重要発問
○各場面を読むための発問
△子どもの反応に対する切り返し発問
・子どもの反応

次／時	子どもの学習活動	主な発問と反応
第一次 1時	1 口頭で伝えることに対する手紙の特性を出し合う。 2 自分にとって友だちとはどんな人なのか出し合う。 3 教師の範読を聞く。 4 初発の感想を書き、発表し合う。 5 単元の学習課題と計画を設定する。 6 本時の振り返りをする。	（感想交流が終わった後） **◎「とてもいいお手紙だ」とがまくんが言ったとき、二人はどんな気持ちだったでしょう？** ・がまくんはいい手紙だと思っている。 ・かえるくんは中身を言っちゃったから残念と思っているかもしれない。 **△手紙を待つ二人はどんな顔をしていますか？** ・とても幸せそうな顔をしている。 ・「とてもいいお手紙だ」とがまくんが言ったときに二人ともいろいろないい気持ちになったから、こんなに幸せそうな顔になっているんじゃないかな。

第二次		
1時	1 物語全体を大きく3つに分けるという学習課題をもつ。 2 場面の区切りを考えながら、全文を音読する。 3 物語が展開する「場所」に合わせて個人追究で4つの場面に区切る。 4 全体追究で場面の区切りを確認する。 5 本時の振り返りをする。	○**『お手紙』は大きくいくつの「場面」に分けることができるでしょう？** ・「玄関」とか「かえるくんの家」とか出てくるなあ。 △**場所に目をつけて場面を区切ると、いくつに分けることができるでしょう？** ・最初は「がまくんの家の玄関」 ・次が「かえるくんの家」 ・その次は「かえるくんの家からがまくんの家の間」 ・この2つはがまくんの家じゃないところでまとめよう ・その次は「がまくんの家の部屋」 ・最後は「がまくんの家の玄関」
2時	1 一場面と二場面の出来事をまとめようという学習課題をもつ。 2 「だれが（なぜ）どうなった」かを意識しながら、全文を音読する。 3 一場面を「だれが（なぜ）どうなったか」の形でまとめる。 4 二場面も同様に行う。 5 本時の振り返りをする。	○**一場面、二場面ではどんな出来事が起きていますか？** ・一場面では、がまくんが玄関の前で座っていて… △**それぞれ「だれが（なぜ）どうなった」のでしょう？** ・一場面は「かえるくんは、手紙をもらえず悲しむがまくんの話を聞いて、二人とも悲しくなった」 ・二場面は「かえるくんは急いで手紙を書いてかたつむりくんに手渡した」

3時	1 三場面前半の出来事をまとめようという学習課題をもつ。 2 「だれが（なぜ）どうなった」かを意識しながら、全文を音読する。 3 場面を「だれが（なぜ）どうなったか」の形でまとめる。 4 本時の振り返りをする。	**○三場面前半では、どんな出来事が起きていますか？** ・かえるくんとがまくんがたくさん話をしている。 **△会話の前後を見てだれが話しているのか考えましょう。** ・会話文の前に話した人が書いてあるのもあれば、後ろに書いてあるのもあるな。 ・わからなくならないように、それぞれの会話文の上に話している人の名前を書いておこう。
4時	1 三場面後半の出来事をまとめようという学習課題をもつ。 2 「だれが（なぜ）どうなった」かを意識しながら、全文を音読する。 3 場面を「だれが（なぜ）どうなったか」の形でまとめる。 4 本時の振り返りをする。	**○三場面後半では、どんな出来事が起きていますか？** ・かえるくんががまくんに自分が手紙を書いたことを話している。 **△「親愛なる」とか「親友」ってどんな意味だと思いますか？** ・「親友」っていうのは、普通の友だちよりもずっと仲がいい友だちのこと。
5時	1 四場面の出来事をまとめようという学習課題をもつ。 2 前時までと同様の活動を行う。 3 本時の振り返りをする。	**○四場面では、どんな出来事が起きていますか？** ・かえるくんとがまくんは玄関で手紙を待っている。 **△一場面の挿絵と四場面の挿絵はどう違いますか？** ・目、口、手が違う。

6時	7時
1 一場面での二人の悲しい気分は同じだったのかという学習課題をもつ。 2 二人の会話文から悲しみの理由を考えるという見通しを設定し、全文を音読する。 3 がまくんの悲しい気分について詳しく考え合う。 4 かえるくんの悲しい気分について詳しく考え合う。 5 本時の振り返りをする。	1 二場面でのかえるくんはどんな気持ちだったかという学習課題をもつ。 2 二人の会話文から悲しみの理由を考えるという見通しを設定し、全文を音読する。 3 がまくんの悲しい気分について詳しく考え合う。 4 本時の振り返りをする。
◎**二人の悲しい気分の中身は同じでしょうか？** ・まず、がまくんから考えると、がまくんは、手紙を待っても、待ってももらえないので一人ぼっちの気持ち。 ・かえるくんは友だちだから、がまくんの悲しい気持ちが移って一緒に悲しくなった。 △**「毎日、ぼくの…」を聞いたかえるくんは、どんな気持ちになったでしょう？** ・仲良しなのにがまくんが毎日感じていた寂しい気持ちに気づかなくて、ごめんなさい。	◎**二場面でのかえるくんはどんな気持ちだったでしょう？** ・きっと急いでいたと思う。 △**「二人ともかなしい気分で…」と比べて二場面の一文の長さはどうなっているでしょう。** ・とても短くてかえるくんが急いでいる感じがする。 △**かえるくんはなぜかたつむりくんに手紙を渡したのでしょう？** ・自分が渡すよりも、ほかの人からもらった方が、がまくんが喜ぶと思ったから。

8時	1 三場面前半でのかえるくんとがまくんはどんな口調だったかという学習課題をもつ。 2 かえるくんの行動や二人の口調の変化を比較するという見通しを設定し、全文を音読する。 3 二人の気持ちについて詳しく考え合う。 4 本時の振り返りをする。	**◎三場面前半の二人はどんな言い方で話していたでしょう？** ・がまくんはだんだん言葉づかいが悪くなっている。 **△「かえるくんは…まだやってきません」は2回ありますが、言い方は変わりますか？** ・心配そうな感じに変わると思う。かたつむりくんは来ないし、がまくんは怒っていくから。 **△役割を決めて読むときの工夫はどうなりますか？** ・（会話文を読んだ後）「ばからしいこと…」を怒ったように読んだのは、かえるくんがしつこいからです。
9時	1 「とてもいいお手紙だ」とがまくんが言う場面での二人の心内語を想像するという学習課題をもつ。 2 似た言葉を示し言葉の意味を比較するという見通しを設定後音読する。 3 がまくん、かえるくんの順で、二人の幸せな気持ちについて根拠や理由をあげながら、詳しく考え合う。 4 本時の振り返りをする。	**●「とてもいいお手紙だ」とがまくんが言ったとき、二人は心の中で何と言ったでしょう？** ・かえるくんは、「がまくんの機嫌がよくなってうれしいな」かな。 **△「親友」と「友だち」の違いに目をつけてみましょう。** ・「親友」はすごく大事っていうことだから、がまくんは、かえるくんにすごく大事って書いてもらえたので、「最高に幸せだ」と心の中でかえるくんに言っていると思う。

10時	1　四場面でお手紙が届いたとき、二人は何をしたかという学習課題をもつ。 2　それぞれの行動とその理由を考えるという見通しを設定し音読する。 3　お手紙が届いたときを中心に、詳しく考え合う。 4　本時の振り返りをする。	**◎お手紙が届いたとき、二人は何をしたでしょう？** ・お手紙を待っているときから幸せだったから、お手紙が届いたらもっと幸せになったと思う。 **△お手紙を届けてくれたかたつむりくんに何と言ったでしょう？** ・がまくんは、四日も幸せな気持ちにさせてくれてありがとうと言ったと思う。 **△二人はお手紙をどんなふうに読んだでしょう？** ・きっとがまくんは自分で読んでからかえるくんにも読んでもらったと思う。
第三次 1時	1　かえるくんとがまくんにお手紙を書くという学習課題をもつ。 2　印象に残った行動や言動などを取り出し、理由づけするという見通しを設定し音読する。 3　自分が書いたお手紙を読み、その感想を伝え合う。 4　本時の振り返りをする。	**◎みんなだったら二人にどんな手紙を書きますか？** ・お話を読んで、ぼくも幸せな気持ちになったことを書こう。 **△一番心に残ったことを書き出して、そこが一番心に残ったわけと一言メッセージを考えましょう。** ・がまくん、私はがまくんが「ああ」と言ったところが素敵だなぁと思ったよ。わけは、がまくんは言葉を聞いてとてもうっとりしているけれど、私も気持ちがよくなったからだよ。

3　授業展開例

①第二次6時の授業展開例

一場面では、かえるくんは、はじめはポケットに手を入れ気軽に、がまくんの家にやってきたのですが、がまくんがこれまで一度も手紙をもらったことがないということを聞き、また、毎日空っぽの郵便受けをのぞき、悲しい気分になっていることを知ります。

そして、二人で、玄関で悲しみに浸るのですが、両者の悲しみの中身には共通点もありますが、相違点もあります。

本時は、それぞれがもつ多様な悲しみを想像させていきます。

T　一場面は、どんな感じがする場面ですか?

C　かわいそうな感じがする場面です。
C　悲しい場面です。
T　悲しい気持ちになっているのはだれですか？
C　かえるくんとがまくんです。

ここまで押さえて、本時の重要発問を投げかけます。

T　**二人の悲しい気分の中身は同じでしょうか？**

二人の会話文から悲しみの理由を考えるという見通しを示し、全文を音読させます。そして、まず、がまくんの悲しみについて考えていきます。個人追究で「『……』というところから…と思いました。わけは…だからです」に準じた形で自分の考えをつくらせます。その後、全体追究で意見交換していきます。

C　「お手紙もらったことないんだもの」から一人ぼっちの寂しい気持ちだと思いました。

わけは、お手紙をもらえないことはだれにも話しかけてもらえないようなものだからです。

C　つけ足しで「ああ、一度も」から、すごく寂しい気持ちだと思います。わけは、1回も話しかけてもらえないようなことが続いているからです。

このように、がまくんの孤独感についてまず想像させていきます。その後、かえるくんの悲しみについて想像させていきます。がまくんの姿がかえるくんの心情の原因になっているので、このような追究の順序が理にかなっています。

子どもたちには、がまくんのときと同じように、自分の考えをもたせ、そのうえで全体追究をしていきます。

C「ああ、一度も」から、かえるくんは友だちだから、1回も手紙をもらえないがまくんの悲しい気持ちが移って一緒に悲しくなった。

C　自分のことみたいに思うようになった。

このようにがまくんの気持ちに同化した悲しさはあるでしょう。しかし、別の視点からの悲しさも出させたいものです。

T　がまくんは、毎日郵便受けを見て、がっかりしていたんですね。かえるくんは友だちなので、きっとがまくんと毎日会っているかと思います。「毎日、ぼくの…」を聞いたかえるくんは、どんな気持ちになったでしょう？

C　自分は一緒に遊んでいたけれど、がまくんが、毎日、毎日、そんな寂しい気持ちになっていることに気づいてあげられなかった。

C　がまくん、わかってあげられなくてごめんなさい。

かえるくんは、がまくんの「親友」だと思っています。

それなのに、一番大切で、一番身近な友だちの切ない気持ちに気づくことができなかった自分に対して、かえるくんは自責の念も強くもったことでしょう。

その思いが、大急ぎで家へ帰り、手紙を書くことにつながっていきます。

②第二次9時の授業展開例

ここまでの授業で、がまくんへのお手紙を書いたかえるくんの気持ちや、かたつむりくんの到着を待つかえるくんにお手紙が来るのを待つよう促され、不機嫌極まりなくなっていくがまくん、そしてそんながまくんを目の前にして、いたたまれない気持ちになっていくかえるくんについての解釈を進めてきています。

本時では、かえるくんがお手紙に書いた文面を聞いたがまくんの「とてもいいお手紙だ」と述べる気持ち、またがまくんのその言葉を聞いたかえるくんの気持ちを解釈していきます。

気持ちを考えさせていくのですが、思い浮かびやすさを考慮し、心内語を問う発問にします。

T **「とてもいいお手紙だ」とがまくんが言ったとき、二人は心の中で何と言ったでしょう？**

C かえるくんは「がまくん、ご機嫌戻ってうれしいよ」と言っていると思います。わけは、がまくんはもう怒っていないような感じがするからです。

このような、内容よりも印象で語っている発言を捉え、言葉に目を向けさせていきます。がまくんとかえるくんのどちらについて先に考えるかですが、やはりがまくんを先に扱います。

がまくんの反応によって、かえるくんの気持ちが動いていくわけですから、まず、がまくんの心内語を考えていきます。

T　がまくんは心の中で何と言っていたでしょうか?
　「親友」と「友だち」の違いに目をつけてみましょう。

C　「親友」はすごく大事っていうことだから、がまくんは、かえるくんにすごく大事って書いてもらえたので、「最高に幸せだ」と心の中でかえるくんに言っていると思います。

C　「友だち」はたくさんいるけれど、「親友」は一人しかいないくらい少ない友だちだから、がまくんは「とてもうれしいよ」と言っていると思います。

T 「ぼくの親友」も合わせてみるとどうですか？

C 寂しいと思っていたがまくんはかえるくんに「ぼくの親友」と言われて、「やっぱりかえるくんは僕のことを一番大事に思ってくれている」と心の中で言っていると思います。

このようにして言葉を比較させ、言葉の意味に着目させながら、解釈を進めていきます。授業の序盤の全体指導の中で「親友」と「友だち」について、全員で考えをつくることにより、考え方のモデルを示します。

その後は、基本的には各自で比較する言葉を設定し、個人追究し、その後の全体追究で各自が考えたことを交流していきます。

がまくんについて扱った後は、同様にしてかえるくんについて考えていきます。

T 喜んでくれているがまくんの言葉を聞いて、かえるくんは心の中で何て言っているでしょう？ 言葉を比べて考えたことを言ってください。

C 「とてもいい」を「いい」に変えると普通に喜んでいる感じだけど、「とても」があるので、がまくんはすごく喜んでいる感じがします。だから、かえるくんは、がんばって書いたことがちゃんと伝わって「ぼくもとてもうれしいよ」と心の中で言っていると思います。

C　ぼくは、先生に「よくできました」とほめられるとうれしいけれど、「とてもよくできました」とほめられるとすごくうれしいから、かえるくんも「すごくうれしいよ」と心の中で言っていると思います。

C　「きみの友だち」じゃなくて、「きみの親友」っていうふうに書いたところも比べられます。がまくんにとってかえるくんはたくさんいる友だちの一人じゃなくて、世界で一番の友だちっていうことを書いてわかってもらえたから、「ぼくたちは最高の友だちだよ」って心の中で言っていると思います。

子どもたちは、言葉の意味の比較を通して、また、自分の経験と比較することを通して、がまくんとかえるくんの気持ちを想像していきます。

一つ注意するべきこととして、言葉の意味の比較の際、物語の内容に引き寄せることが肝心です。そうでないと、解釈が作品から離れ、言葉の印象に偏ってしまいます。

②第二次10時の授業展開例

お手紙を待っている二人の気持ちを中心に想像する授業はよくありますが、ここで紹介するのは、かたつむりくんが、がまくんの家に着いたときのことを中心にするものです。物語のこれまでの展開を踏まえたうえで、多様な楽しい解釈をさせていきます。

T　幸せな気持ちでお手紙を待っていたから、お手紙が届いたときには、二人はきっともうお手紙には興味がなかったでしょうね。
C　そんなことない!
C　「お手紙をもらって、がまくんは、とてもよろこびました」と書いてあるから興味があったと思います。
T　では、**お手紙が届いたとき、二人は何をしたでしょう?**
C　お手紙を待っているときから幸せだったから、お手紙が届いたらもっと幸せになった。
T　詳しく考えていきましょう。お手紙を届けてくれたかたつむりくんに何と言ったでしょう? まず、がまくんはどうしたでしょう?

C　がまくんは手紙をもらえてうれしいから「かたつむりくん、ありがとう」って言ったと思います。
C　がまくんは、「四日間も幸せな気持ちでいられたよ。ありがとう」って言ったと思います。
T　かえるくんはどうですか？
C　かえるくんも、「がまくんと四日間幸せだったよ。ありがとう」って言っていると思います。
C　私はちょっと違って、「四日間幸せでそれはよかったけれど、『すぐやるぜ』って言ったから、もうちょっと早く来てほしかったよ」って言っていると思います。
C　かたつむりくんとしては、たぶんすごく急いでいたと思うし、かえるくんは焦ってかたつむりくんに渡したと思うので「大変だったね。ありがとう」と言っていると思います。

特にかえるくんの立場からはいろいろな見方が出されます。
続いて、お手紙をもらってどうしたのかについても考えていきます。

T　二人はお手紙をどんなふうに読んだでしょう？

C　がまくんはずっと大事なお手紙を待っていたんだから、破らないように、そうっと、開けてまず自分で読んだと思います。

C　自分で読んだ後、かえるくんにも読んでもらって、それを聞いて、うっとりしたと思います。

C　その後、がまくんは、きっとかえるくんからもらったお手紙を何度も読んだと思います。

C　もしかしたら、がまくんは、お手紙をもらったお礼に、今度は自分がかえるくんにお手紙を書いたんじゃないかなと思います。

　このように想像が広がっていった先に、『ふたりはともだち』シリーズの読書に興味をもたせていくのも、楽しいと思います。シリーズには、直接『お手紙』の続編と感じられる物語は見当たりませんが、『ふたりはきょうも』の最後に収められている『ひとりきり』は関連度が非常に高い作品です。『お手紙』と比べ読みをする価値があります。

第4章 かさこじぞう

藤原隆博

1　教材解釈と単元構想

①単元の中心発問につながる教材解釈

『かさこじぞう』（『かさじぞう』）は、定番の昔話として日本全国で古くから親しまれてきました。

現在までに、再話（伝承されてきた昔話や伝説などを、言い伝えられたままではなく、現代的な表現で書き改めたもの）として広く読まれているのが、岩崎京子による『かさこじぞう』（以下、岩崎本）です。大晦日の日、かさを売りに出たじいさまが、六地蔵に売り物だったかさをかぶせたその夜、地蔵からお礼の品を届けられて、よい正月を迎えた話です。じいさまとばあさまの、心優しいかかわり合いと無欲さが報われる結末は、温かな読後感を読み手にもたらします。

本単元では、共通学習材として教科書に載っている岩崎本を読み取ったうえで、他作品との読み比べを行い、相違点→共通点と読み深めていく中で次の中心発問に行き着きます。

ばあさまが、嫌な顔一つしないでじいさまを迎え入れたのはなぜだろう？

『かさこじぞう』を読み比べてみると、大歳の市へじいさまが売りに行った品物、かさの数、地蔵の数などがわずかに違っています。例えば、松谷みよこ（1973）の『かさじぞう』（童心社）では、じいさまは、かさではなく、布を売りに行っています。また、佐々木昇（2003）の『かさじぞう』（永岡書店）では、六地蔵ではなく十二地蔵が登場し、じいさまとばあさまが、正月の後、春先ごろに地蔵にお供物を捧げ、幸せに暮らす様子が描かれています。このように、作者によって、設定が少しずつ変わっていることが興味深いところです。

それに対して、どの作品を読んでも共通することがあります。それは、売り物が売れなかった後のじいさまとばあさまの優しいかかわり合いが描かれていることです。特に、岩崎本では、「ばあさまはいやなかおひとつしないで」と、じいさまがじぞうにかさをかぶせた行為を全面的に受け入れています。

筆者は、ここに昔話『かさこじぞう』の中にある教材としての価値を見いだしました。つまり、かさこじぞうは様々な作者によって描かれることがあっても、普遍的な主題は共通して伝えられている、ということです。

本単元では、かさこじぞうを比べ読みしてその違いを発見し、発表することを楽しむ子どもが、次第に共通点に気づき始める時間と、共通して伝えられている、じいさまとばあさまの優しいかかわり合いの様子を読み味わう時間を設けました。

学習指導要領では、「C　読むこと（1）エ」に、「場面の様子に着目して、登場人物の行動を具体的に想像すること」があげられています。じいさまとばあさまの優しいかかわり合いの様子を具体的に想像することで、子どもは音読発表会の際に、どのようにこの場面を読むか、精一杯考えます。どのような様子を表現したいのか、ノートに二〜三文書かせると、音読からは評価しきれない子どもの思考が、可視化されます。

読者の先生方も、自学級の子どもたちが夢中になって学習に取り組みそうな単元のゴールを考えながら、本稿の実践を参考にしてみてください。

②単元構想と発問

まずは、作品を読み取るうえで最低限必要になる確認事項があります。「登場人物はだれか」「何場面に分けられるか」「どんなことが起きたか」などです。これは単元冒頭の時点で早々に確認し、押さえておきます。

重要発問①

「かさが売れなかったじいさまは、どんな様子だったのだろう？」

ばあさまと協力して、丹精込めてつくった5つのかさです。大歳の市へ売りに行く際、じいさまは、もち、ごぼう、にんじんを買って帰ってくる、と意気込んでいたのです。それが、まったく売れない…。どれだけがっかりしたことでしょう。

切り返し発問

「かさが売れなかったじいさまは、どんな顔をしていたのだろう？　書いてある文から考えてみよう」

このときのじいさまの表情をしっかりと押さえておくことは、この後の展開を読み味わううえで重要な意味があります。家で、ばあさまは嫌な顔一つしないからです。

重要発問②

「じぞうさまにかさをかぶせたじいさまは、どんな様子だったのだろう?」

ここは、じいさまが、吹雪の中をがっかりして帰っていく道すがらに出会ったじぞうさまに、売り物のかさをかぶせていく場面です。きっと、市からの帰り道にいつも見かけるじぞうさまなのでしょう。じいさまは、雪をかぶっていたじぞうさまに、何とか寒さを凌いでほしかったのです。売り物のかさをかぶせる、ということは、年越しのもち、ごぼう、にんじんなどの食べ物を得る可能性を捨て去るということです。

切り返し発問

「じいさまは、かさが売れなかったからじぞうさまにかぶせたのですか?」

ここで揺さぶりをかけます。かさをかぶせたのは売れ残ったからなのか。じいさまは、かさが足りなくなると、自らの手ぬぐいをじぞうさまにかぶせます。ここから、じいさまが売れなかったかさの処理に困ってかぶせたわけではないことがはっきりと読み取れます。

中心発問

「ばあさまが、嫌な顔一つしないでじいさまを迎え入れたのはなぜだろう？」

ばあさまはなぜ、もちを買って帰らなかったじいさまを、嫌な顔一つしないで迎え入れたのでしょう。じいさまが、もちつきの真似ごとをする場面に至っては、ばあさまはむしろ楽しそうですらあります。大晦日の日、漬物とお湯だけを腹に入れた状況で、この楽しそうな様子は、いったいどういうことなのでしょう。

切り返し発問

「じいさまやばあさまに何と言ってあげたいですか？」

子どもには、「自分が作品の世界にいたら…」と想像することで、じいさまとばあさまの優しいかかわり合いの様子を大いに想像してほしいものです。「ばあさま、優しいね」「じいさま、自分よりもじぞうさまの方が大事なんだね」という反応等を通じて、子どもたちが、作品に対する感想をもつことを促していきます。

③発問で見る単元の見取図

凡例

- 中心発問につながる重要発問
- 各場面を読むための発問
- 切り返し発問

読む視点を見つける

・登場人物はだれですか？
・どんなことが起きましたか？
・何場面に分けられますか？

→ じいさま、ばあさま、じぞうさま

→ 家→大歳の市→野っ原→家→真夜中の家の5場面

→ ①かさをつくった。
②かさが売れなかった。
③かさをじぞうさまにかぶせた。
④もちつきの真似ごとをした。
⑤じぞうさまが何やら重いものを下ろした。

重要発問①

かさが売れなかったじいさまは、どんな様子だったのだろう？

→ かさが売れなかったじいさまは、どんな顔をしていたのだろう？

重要発問②

じぞうさまにかさをかぶせたじいさまは、どんな様子だったのだろう？

→ じいさまは、かさが売れなかったからじぞうさまにかぶせたのですか？

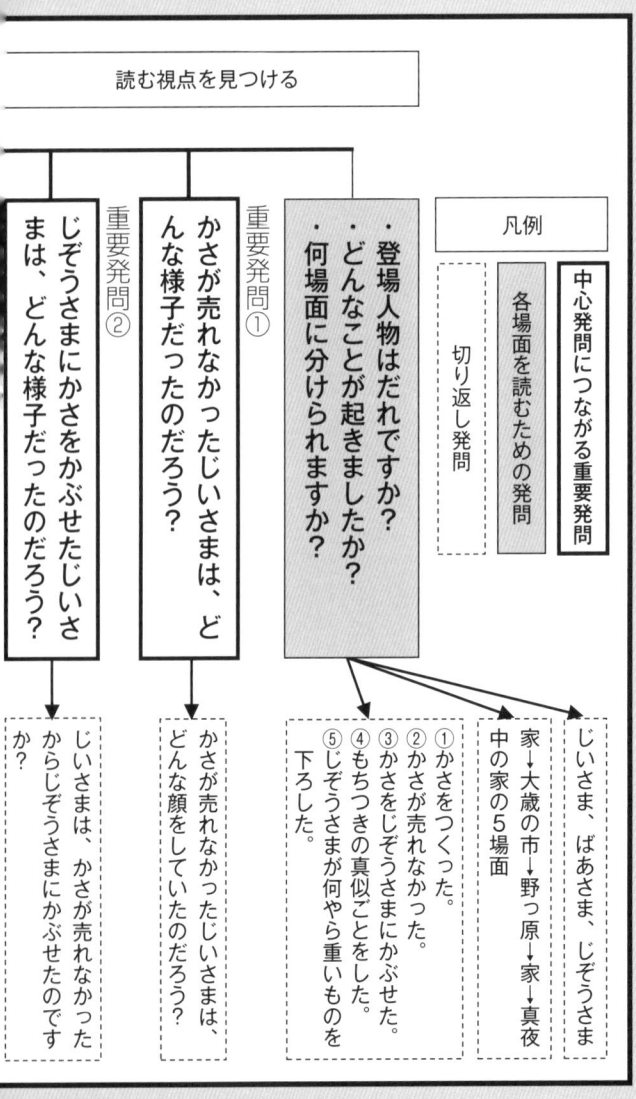

ゴール	他作品と比べて読む

他作品と比べて読む

岩崎京子さんの『かさこじぞう』との違いは何ですか？

重要発問③

どの『かさこじぞう』にも同じことは何でしたか？

中心発問

ばあさまが、嫌な顔一つしないでじいさまを迎え入れたのはなぜだろう？

じいさまやばあさまに何と言ってあげたいですか？

重要発問④

なぜ「じさまのうちはどこだ　ばさまのうちはどこだ」なのだろう？

重要発問⑤（音読発表会）

音読で、だれのどんな様子を表したいですか？

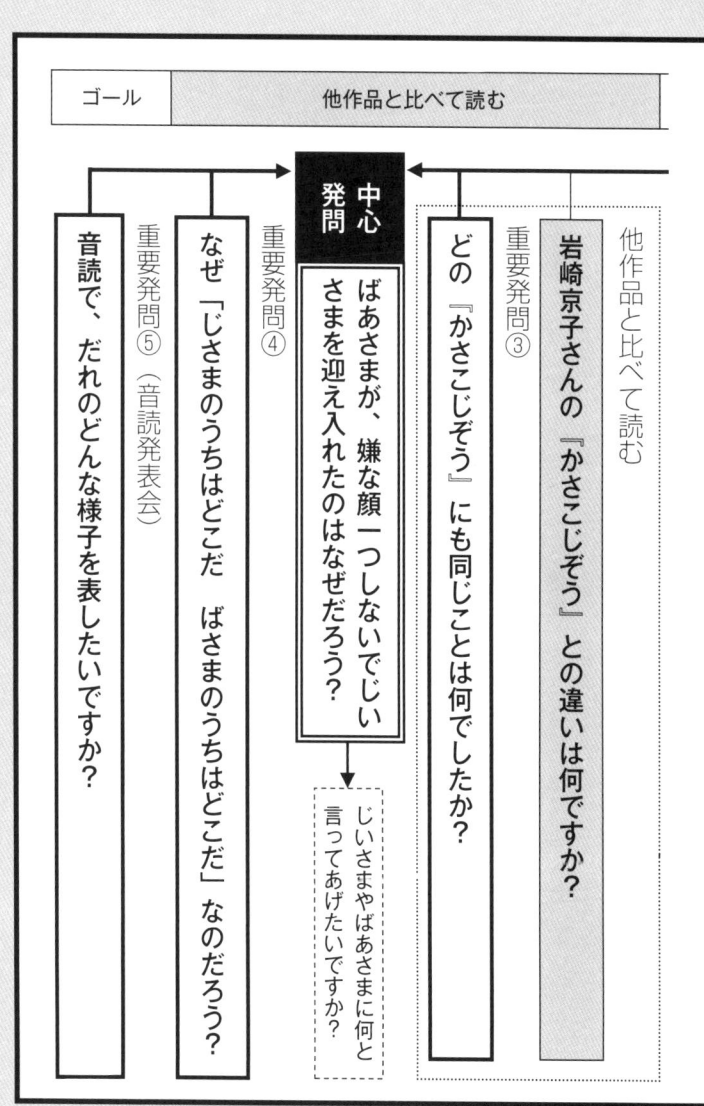

2 発問を位置づけた単元計画

●単元の中心発問
◎単元の中心発問につながる重要発問
○各場面を読むための発問
△子どもの反応に対する切り返し発問
・子どもの反応

次／時	子どもの学習活動	主な発問と反応
第一次 1時	1 様々な作者による『かさこじぞう』が存在することを知り、教科書にある岩崎本の読み聞かせを聞くとともに、作品の設定を押さえる。 2 初発の感想を書く。	○**登場人物はだれですか？** ・じいさま、ばあさま、じぞうさま ○**どんなことが起きましたか？** ・おじいさんがかさを売りに行って…売れなくて…その帰りに、じぞうさまにかさをかぶせたら…夜中にじぞうさまがお礼をしにきた。 ○**何場面に分けられますか？** ・4場面かな。 ・ばあさまともちをつく真似ごとをしたところを入れるなら5場面かな。

第二次 1時	1 かさが売れなかったときのじいさまの様子を読む、という課題をもつ。 2 各自、市でかさを売るものの、売れなかった場面を音読し、じいさまの様子がわかる文を見つける。 3 全体で根拠となる文を出し合い、じいさまの様子を共有する。 4 じいさまに言ってあげたいことをノートに書き、様子を想像しながら音読する。	◎**かさが売れなかったじいさまは、どんな様子だったのだろう？** ・だれも買ってくれなくて、悲しい。 ・ばあさまに何と言えばいいのか、困っている。 ・悲しくて、困っていて、がっかりしている。 △**かさが売れなかったじいさまは、どんな顔をしていたのだろう？　書いてある文から考えてみよう。** ・悲しい顔をしていると思う。「だれもふりむいてくれません」と書いてあります。 ・困った顔をしていると思う。「ばあさまはがっかりするじゃろうのう」と書いてあります。 △**じいさまに言ってあげたいことをノートに書いて、聞く人にそれが伝わるように音読しましょう。**
2時	1 じぞうさまにかさをかぶせたじいさまの様子を読む、という課題をもつ。 2 各自でじいさまがじぞうさまにかさをかぶせた場面を音読し、じいさまの様子がわかる文を見つける。	◎**じぞうさまにかさをかぶせたじいさまは、どんな様子だったのだろう？** ・じぞうさまの雪が乗っている部分が冷たそうで、雪を落としてあげたかったんだと思います。 ・落としてあげても、すぐに雪が乗ってしまうから、何とかしてあげたくなっちゃったのかなあ。

	3 全体で根拠となる文を出し合い、じいさまの様子を共有する。 4 じいさまに言ってあげたいことをノートに書き、様子を想像しながら音読する。	△**じいさまは、かさが売れなかったからじぞうさまにかぶせたのですか？** ・それは違うと思います。だって、じいさまはじぞうさまをかわいそうだって思っているから。 ・じいさまは、売れ残ったかさがいらなかったわけじゃないと思います。自分の手ぬぐいもあげているから。
3時	1 前時までに読んだことを基に、他の『かさこじぞう』と比べて読む、という課題をもつ。 2 各班ごとに、作者の異なる『かさこじぞう』を読み、岩崎本との違いを見つけ出す。 3 それぞれの班で見つけた違いを話し合う中で、すべての『かさこじぞう』に共通することを見つけ出す。 4 他作者の『かさこじぞう』を読んだ感想をノートに書く。	○**『かさこじぞう』は、いろんな作者が書いています。岩崎京子さんの『かさこじぞう』との違いは何ですか？** ・松谷みよこさんの『かさじぞう』では、じいさまは、かさではなく布を売りに行っています。 ・長崎源之助さんの『かさじぞう』だと、かさではなくて、たきぎを売りに行っています。 ・佐々木昇さんの『かさじぞう』は、じぞうさまが12人います。じいさまとばあさまが、正月の後、じぞうさまにお供え物をする春の様子が出てきます。 ◎**どの『かさこじぞう』にも同じことは何でしたか？** ・みんな、最後に幸せになっています。 ・帰ってきたじいさまに、ばあさまが優しいです。 △**ばあさまの様子に、何か秘密がありそうですね。**

4時

1　ばあさまが、嫌な顔一つしないでじいさまを迎え入れたのはどんなわけがあったからなのかを読む、という課題をもつ。

2　各自でじいさまが帰ってから、じいさまとばあさまがもちつきの真似ごとをしたところまでを音読し、じいさまとばあさまの様子を読み取る。

3　じいさまとばあさまの様子を読み取ったことを共有する。

4　じいさまとばあさまに言いたいことをノートに書く。

○**ばあさまは、じいさまが帰ってきたとき、どんな様子でしたか？**
・冷たいところにいたじいさまを優しく迎えました。
・かさが売れたのかどうか、確かめました。

●**ばあさまが、嫌な顔一つしないでじいさまを迎え入れたのはなぜだろう？**
・じいさまが、じぞうさまのために優しいことをしたのがわかったから。
・じいさまが、冷たい外で一日がんばってくれたことがうれしかったから。

△**もし、ばあさまが怒ったら、どんな正月になるかな？**
・けんかになって、きっとたのしい正月じゃなくなる。
・それよりも、もちつきの真似ごとをした方が、たのしいお正月になると思ったんじゃないかな。
・けんかしているのが自分たちのせいだって思って、おじぞうさまは来なかったんじゃないかな。

△**じいさまやばあさまに、何と言ってあげたいですか？**
・じいさま、優しいばあさまがいてよかったね。ばあさま、じいさまをわかってあげて優しいね。

5時

1　じぞうさまがじいさまのうちに現れたときの様子を読む、という課題をもつ。

2　各自でじぞうさまがじいさまのうちまで来て、帰っていくところまでを音読し、じぞうさまの様子を読み取る。

3　じぞうさまの様子から読み取ったことを共有する。

4　じぞうさまに言いたいことをノートに書く。

○じぞうさまは、いったい何をしに来たのですか？

・かさこをかぶせてくれたお礼をしに来たと思います。

・じいさまが、売りもののかさをかぶせてくれたけど、正月の用意ができなかったから、代わりに持って来てあげたと思います。

◎なぜ「じさまのうちはどこだ　ばさまのうちはどこだ」なのだろう？

・かさをつくったのは、じいさまだけではないからだと思います。ばあさまも、一緒につくっています。

・ばあさまは、じいさまがじぞうさまにかさをかぶせたことを「いいこと」って言ったでしょ。だから、じぞうさまにとっては、ばあさまも大事だったんじゃないかな。

・じぞうさまは、じいさまとばあさまは、二人でいいことをしたって思ったんじゃないかな。

・じぞうさまは、神様みたいな人だね。優しいじいさまとばあさまが、幸せになるようにしてくれたんだね。

第三次 1時〜2時	1 これまでの読みを基に、自分なりに想像したことを伝える音読発表会をする、という課題をもつ。 2 毎時間の最後に書いてきた短文を基に、音読で伝えたいことを二、三文で書いて整理する。 3 書いた文を読んだ後に音読を行うことで、友だちと交流する。 4 単元の学びを振り返り、自分の読みが変わったことに気がつく。	◎**音読で、だれのどんな様子を表したいですか?** ・じいさまが、じぞうさまにかさをかぶせるときの優しい様子を表したいです。 ・ばあさまが、嫌な顔一つしないでじいさまを迎え入れた優しい様子を表したいです。 ・じぞうさまが、ありがとうの気持ちでじいさまとばあさまのためにそりをひいたときの様子を表したいです。 ・○○さんの音読で、じぞうさまへの、じいさまの優しい様子がよくわかったよ。 ・ばあさまの優しい様子が音読に表れているね。 △**単元の最初に書いた感想と、今日の音読で表したことは、どのように変わりましたか?** ・最初に書いた感想は、じいさまが優しいと思っただけだったけど、今日は音読で、じいさまの優しい気持ちをばあさまがわかったことも伝えられました。 ・じぞうさまが、どうしてばあさまのことも気にしていたのかを考えることができました。最初は、不思議とも思いませんでした。

3　授業展開例

①第二次3時の授業展開例

本時までに様々な作者の『かさこじぞう』を集め、班ごとに作品を選ばせておきます。

T　岩崎京子さんの『かさこじぞう』以外にいろんな作者の『かさこじぞう』がありますね。岩崎京子さんの『かさこじぞう』との違いは何ですか？　今日は、みなさんでいろんな作者の『かさこじぞう』を読んで、比べてみましょう。

C　ねえねえ、違うところが見つかったよ。松谷みよこさんの『かさじぞう』は、じいさまは、かさではなくて、布を売りに行ってるよ。

C　ああ、本当だ！　岩崎京子さんの『かさこじぞう』はかさを売りに行ったのにね。

C　長崎源之助さんの『かさじぞう』だと、たきぎを売りに行っています。

C　売り物が違うなんて、おもしろいなあ。

岩崎本と比較しながら読み進めると、売り物が違うことに真っ先に気がつきます。教師は、班ごとに配付したミニ黒板に気づいたことを書かせておきます。

C　佐々木昇さんの『かさじぞう』は、じぞうさまが12人います。

C　しかも、じいさまとばあさまが、正月の後、じぞうさまにお供え物をする春の様子が書かれています。

班ごとにある程度違いが見えてきたところで、教師が次のように発問します。

T　**どの『かさこじぞう』にも同じことは何でしたか？**

作品を比べて読む目的は、違いを見つけるだけではありません。共通点を見つけることで、『かさこじぞう』とはどのような物語なのかをより深く読み味わうことにつながります。

C　同じところか…、どの『かさこじぞう』にもじいさまとばあさまが出てくるよね。
C　そうだね。
C　あと、どの『かさこじぞう』も、貧しいくらしをしているみたい。
C　確かに。大晦日なのに、正月の準備が何もなくて困っているよね。
C　市に行って、何かを売らないと、正月が迎えられないんだね。

話し合う中で、まず、じいさまとばあさまが出てくること、二人はとても貧しいくらしをしていて、正月の準備ができていないことに気がつきました。

C　あとさ、じいさまがかさをかぶせるのも、一緒だよね。
C　そうそう。じいさまは、必ずかさをじぞうさまにかぶせているよね。どの『かさこじぞう』でも、じいさまはじぞうさまに優しくしているんだね。

じいさまの、じぞうさまへの優しさがどの『かさこじぞう』にも共通することに気づいてきたところで、次のように投げかけます。

T　『かさこじぞう』で優しいのは、じいさまだけなの?
C　ええと、じいさまだけじゃなくて、じぞうさまも優しいと思います。
C　そうそう。じぞうさまも、最後に正月のおもちや米を届けてくれています。
T　それじゃあ、『かさこじぞう』で優しいのは、じいさまとじぞうさまということでいいかな?
C　ちょっと待って。ばあさまも優しいんじゃないかな?
C　えっ、どういうこと?　ばあさまは何もしていないんじゃないの?
C　そんなことないよ。ばあさまはね、じいさまが帰ってきたときに、優しく迎えてくれているよ。かさが売れていないんだから、普通だったら、怒ったり、がっかりしたりするはずでしょ?　でも、ばあさまは、いつもにこにこしているみたい。

このように、ばあさまの優しさについては、次第に子どもから気づきが生まれることが多いはずです。そして、子どもがそのことに気がついたときに、教師は意図的に次のように投げかけるとよいでしょう。

T　どうも、ばあさまの様子に、何か秘密がありそうですね。岩崎京子さんの『かさこじぞう』を読むと、「いやなかおひとつしないで」とあります。ばあさまがじいさまを迎え入れたときの様子を、明日じっくり読み取ってみようか。

C　そうしたいです。ばあさまは、言われてみると、どの『かさこじぞう』でも、じいさまを優しく迎え入れています。

C　もちつきの真似ごともしてるよね。もちが食べられないのに、すごいよね。

こうした気づきに「なるほど」と共感する声が出てきます。他作者の『かさこじぞう』（かさじぞう）を読むことで、ばあさまの優しい様子を読み深めたいという課題意識が明確になります。

このように、この物語を読むうえで、ばあさまの様子を読み取ることはとても重要です。

②第二次4時の授業展開例

ばあさまが、嫌な顔一つしないでじいさまを迎え入れた場面の様子を想像します。ばあさまの優しさから、じいさまのじぞうさまへの優しさを読み深めることで、じいさまとばあさまが、なぜじぞうさまからお礼を受け取ることができたのかが見えてきます。

T　ばあさまは、じいさまが帰って来たとき、どんな様子でしたか?
C　冷たいところにいたじいさまを、優しく迎え入れました。
C　かさが売れたのかどうか、じいさまに確かめました。
T　そうですね。じいさまは、どんなことを言いましたか?
C　さっぱり売れなかったと言いました。じぞうさまが、寒そうにしていたからかさをかぶせてあげたとも話しました。
C　雪に埋もれていたから、のっていた雪を下すだけではすぐに積もってしまうので、かさが足りなかった分は、自分の手ぬぐいも使ったことを話したと思います。
T　なるほど。ばあさまは、それを聞いて、どんな様子だったんだっけ?

C　嫌な顔一つしないで、いろりに来て体を温めるように、じいさまを呼びました。

T　そうでしたね。**ばあさまが、嫌な顔一つしないでじいさまを迎え入れたのはなぜだろう?**

これが中心発問となります。

すぐに手をあげたくなる子どももいますが、じっくり考え直したい子もいます。そこで、個人でノートに書かせ、グループで交流します。

C　ばあさまは、じいさまが、いつも優しい人だと知っていた。だから、自分のことよりもじぞうさまのことが気になってしまったじいさまの気持ちがわかった。

C　じいさま、優しいなあ。じぞうさまが少しでも寒くなくなるなら、いいかな。（ばあさまになりきって書く子どもの例）

C　じいさまは、冷たい外で一日がんばってくれたんだ。嫌な顔をしたら、じいさまが悲しくなっちゃうから、笑ってあげよう。（ばあさまになりきって書く子どもの例）

子どもが想像したことをグループで共有させ、さらに考えを広げます。

C　私たちのグループは、じいさまを悲しませたくないから、ばあさまが嫌な顔一つしなかった、という話になりました。
C　私たちのグループは、「じいさま、優しいなあ。じぞうさまのために、自分の手ぬぐいまではずしてきたんだ。きっと寒いよね」です。（ばあさまになりきったまま交流した例）
C　私たちのグループは、「じいさまが冷たい外で一日がんばったんだから、笑ってお迎えしよう」と思っているんじゃないかなと考えました。

ばあさまの優しさが共有されたところで、もう一歩この場面を読み深めるために、切り返し発問をします。

T　もし、ばあさまが怒ったら、どんな正月になるかな？
C　ええっ、じいさまもきっと怒ってけんかになっちゃうんじゃないかな。

C　そうそう、じいさまは、怒って家を飛び出しちゃうかもしれない。
C　大変だ。そうしたら、正月を迎えるなんて、とってもできないよね。
C　しかも、じぞうさまがそういうじいさまとばあさまを見たら、きっとおもちとかお米なんて、届けないいんじゃないかな。
T　どうして？
C　だって、自分たちのせいでけんかになっているんだもん。お礼なんてできないと思うよ。
T　なるほどね。じいさまとばあさまがけんかをしていたら、じぞうさまはその夜やってこなかったんじゃないか、ということですね。
じいさまとばあさまは、けんかじゃなくて、その後、どんなことをしましたか？
C　もちつきの真似ごとをしました。
C　歌もうたっています。じいさまが始めて、その後ばあさまも笑いながらあいどりの真似をしています。

「じいさまとばあさまが、もしけんかをしてしまったら」という悲しい展開を想像させてから、さらにこの場面の読みを深める発問をします。

T　けんかじゃなくて、もちつきの真似ごとをしたじいさまとばあさまに、何と言ってあげたいですか？　ノートに書いてみましょう。
C　じいさま、優しいばあさまがいてよかったね。ばあさまも、じいさまのじぞうさまへの優しさをわかってあげられて優しいね。
C　あいどりの真似をして、ばあさまはとっても優しいね。じいさまとばあさまは、とっても仲がいいんだね。
C　ばあさま、優しいじいさまがいてよかったね。この後いいことがあるから、安心して休んでね。

じいさまとばあさまが、優しさの中に清い心を持ち合わせていたことを、2年生なりの言葉で表現できれば、この時間は成功したと言えるでしょう。

次時以降、子どもたちは、じぞうさまがそりを引く場面の様子を読み取っていきます。「じさまのうちはどこだ　ばさまのうちはどこだ」と、かさをかぶせた「じさま」に加えて、「ばさま」のこともじぞうさまが歌っていることの意味を探っていくことになります。

ポイントとなるのは左の二点です。

①ばあさまがかさをつくろうと発案し、かさを一緒につくったこと。
②ばあさまは、じいさまがじぞうさまにかさをかぶせたことに対して、嫌な顔一つしないで受け入れたこと。

ここから、じいさまとばあさまが、一対の存在として物語の中で行動していることが見えてきます。この2点を子どもが押さえながら読む場は、想像を広げる際、叙述を基にしていることが重要なのだ、ということを指導する機会となるでしょう。

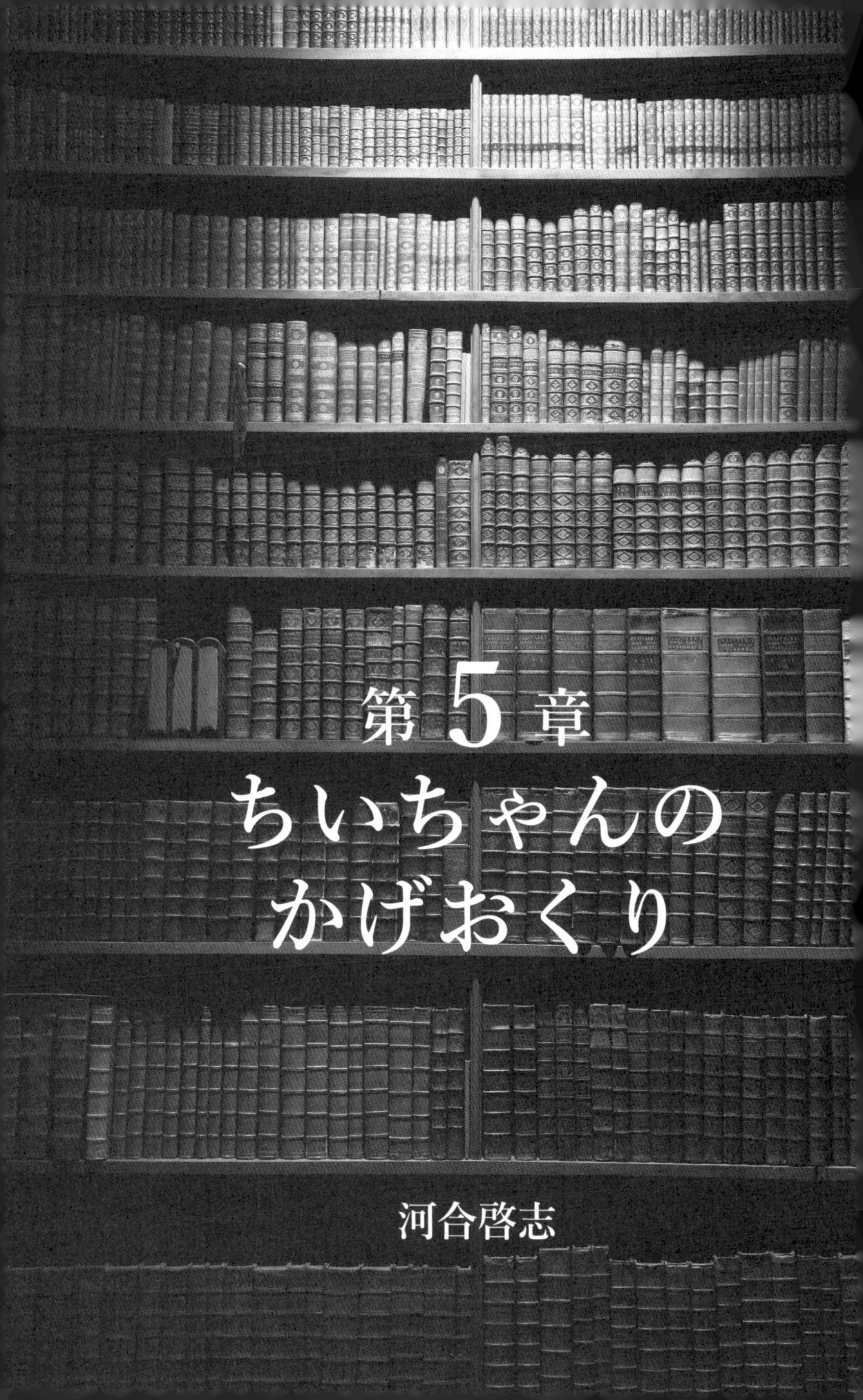

第5章
ちいちゃんのかげおくり

河合啓志

1　教材解釈と単元構想

①単元の中心発問につながる教材解釈

『ちいちゃんのかげおくり』は、５つの場面から成る作品です。

家族でかげおくりをして、お父さんが出征し、戦争が激しくなるまでが一場面。空襲でちいちゃんがはぐれ、ひとりぼっちになってしまうのが二場面。ちいちゃんが家のあった場所に戻り、防空壕で家族の帰りを待つのが三場面。ちいちゃんが一人でかげおくりをした後死んでしまうのが四場面。そして、何十年か経った後の小さな公園が五場面。

一場面では、家族みんなで手をつないでかげおくりをします。お父さんにとっては、出征前の最後の家族の記念です。ちいちゃんにとっても、家族四人が当たり前のようにいる日常です。しかし、父が出征し、空襲によって母と兄とはぐれてしまい、ちいちゃんはひとりぼっちになってしまいます。一人で家の防空壕で家族を待ちながら、ちいちゃんの意識は朦朧とします。そして、ふらふらする足を踏みしめ、ひとりぼっちのかげおくりをします。すると体がすうっと透き通って空に吸い込まれ、空色の花ばたけの中で、家族みんなに出会います。家族に会いたいと強く願っていたちいちゃんにとっては、とても幸せな気持ちのはずです。しかし、私たち読者は、とても辛い気持ちになります。

お話の中でちいちゃんを救うチャンスはいくつかありました。知らないおじさんが、最後まで面倒を見ることもできたでしょう。はす向かいのおばさんが、ちいちゃんを無理やり連れて行くこともできたはずです。しかし、ちいちゃんの「家族に会いたい」という気持ちがそれらを拒み、そしてその思いがちいちゃんを死に向かわせたのです。戦時中という異常事態におけるつながりの希薄さ、そして家族を思うつながりの強さが小さい女の子を死に向かわせたのです。その時代に生きていた一人ひとりに家族があり、想う人があり、そしてそれらをすべて奪ってしまうものが戦争なのです。

五場面では、ちいちゃんが一人で死んでいった防空壕の跡地が、小さな公園になっています。家でもビルでも工場でもなく、公園です。子どもが自由に遊べる世の中になったことに安堵を覚えるとともに、どこにでもある小さな公園で、かつて戦争によって奪われた小さな命があったことにやるせなさを感じざるを得ません。

『ちいちゃんのかげおくり』の五場面（何十年後の世界）を意識して変容を捉えると、次のようになります。

①何が変わったか……………ちいちゃんとその家族
②どのように変わったか…家族四人一緒に暮らしていたが、引き裂かれ、ちいちゃんは死んでしまった。
③なぜ変わったか……………戦争によって出征したり、空襲を受けたりしたから。

『ちいちゃんのかげおくり』では、ちいちゃんの家族への強い想いを読み取り、そのうえで戦争について考えることが求められます。

以上の教材解釈を踏まえて、この単元の中心発問を以下のように設定しました。


最後の五場面には、どんな願いが込められていますか？

②単元構想と発問

『ちいちゃんのかげおくり』は、戦争によって小さな女の子の命が奪われた物語です。一～四場面のちいちゃんの心情を、共感的に、豊かに想像することで、五場面における読みが深くなります。そこで前半は、ちいちゃんの心情を共感的に読み取るための発問で構成し、終盤はちいちゃんから離れて、客観的に物語を読む発問で単元を構成します。

重要発問①

「家族でかげおくりをしたときの、ちいちゃんの心を想像しよう」

この場面では、家族四人がそろう当たり前の幸せを読み取ることが求められます。しかし子どもたちにとって、平和な日常は読み深めにくいものです。また、ちいちゃんもまだ小さいので、ちいちゃんの心情から家族四人がそろうことの幸せは読み取りにくいものです。そこで、お父さんの視点から切り返し発問をすることで読みを深めます。

切り返し発問

「お父さんは、かげおくりを何の記念だと思ったのかな？」

これから起こるであろうことを想像できるお父さんは、かげおくりを「記念」という言葉で表します。お父さんの心情を読むことで、家族四人で過ごせることのありがたさを読み取ることができます。

重要発問②

「橋の下でひと晩過ごしたちいちゃんはどんな思いかな？」

お母さん、お兄ちゃんとはぐれたちいちゃんの心情を想像することで、ちいちゃんの孤独と不安を共感的に読むことができます。その孤独や不安は、ちいちゃんの「家族に会いたい」という強い想いにつながります。より深めるために次の問いを投げかけます。

切り返し発問

「たくさんの人たちの中で寝ているのに、どうしてひとりぼっちと思ったのかな？」

「ひとりぼっち」と「たくさんの人」が対比的に描かれています。ちいちゃんは「家族に」会いたいという心情を読むことができます。

重要発問③

「2回のかげおくりを比べて、四場面のちいちゃんの心を想像しよう」

2回のかげおくりを比較して、四場面のちいちゃんの喜びを読み取ることができます。ちいちゃんはきらきら笑って、走り出します。これまで、ちいちゃんの心情を豊かに想像していた子ほど、「よかった」と思うことでしょう。しかしこれは、ちいちゃんの心の中のことで、実際の世界ではまったく違う状況になります。ちいちゃんの心から離れて客観的にその状況を読み取るために切り返し発問をします。

切り返し発問

「防空壕の入り口で一人で倒れているちいちゃんのことをどう思いますか?」

ちいちゃんは、防空壕の入り口で、一人で倒れています。おそらく表情は笑っているのでしょう。その状況を想像することで、子どもたちを読者の目線に戻すことができます。この切り返し発問により、五場面における中心発問へとつなげます。

③発問で見る単元の見取図

ちいちゃんの心情を読む

①家族でかげおくりをする場面

家族でかげおくりをしたときの、ちいちゃんの心を想像しよう。

〈深める〉お父さんは、かげおくりを何の記念だと思ったのかな？

〈埋める〉お父さんは次の日からどんなところにいくのかな？

〈引き寄せる〉「記念写真」を撮るときってどんなときかな？

②空襲で離ればなれになる場面

橋の下でひと晩過ごしたちいちゃんはどんな思いかな？

〈深める〉たくさんの人たちの中で寝ているのに、どうしてひとりぼっちと思ったのかな？

〈引き寄せる〉みんなもひとりぼっちになったことってある？

③防空壕で家族を待つ場面

ちいちゃんはどんな思いで、防空壕で待っていたのかな？

〈深める〉ちいちゃんは、どうして「深く」うなずいたのかな？

〈深める〉防空壕の入り口で一人で

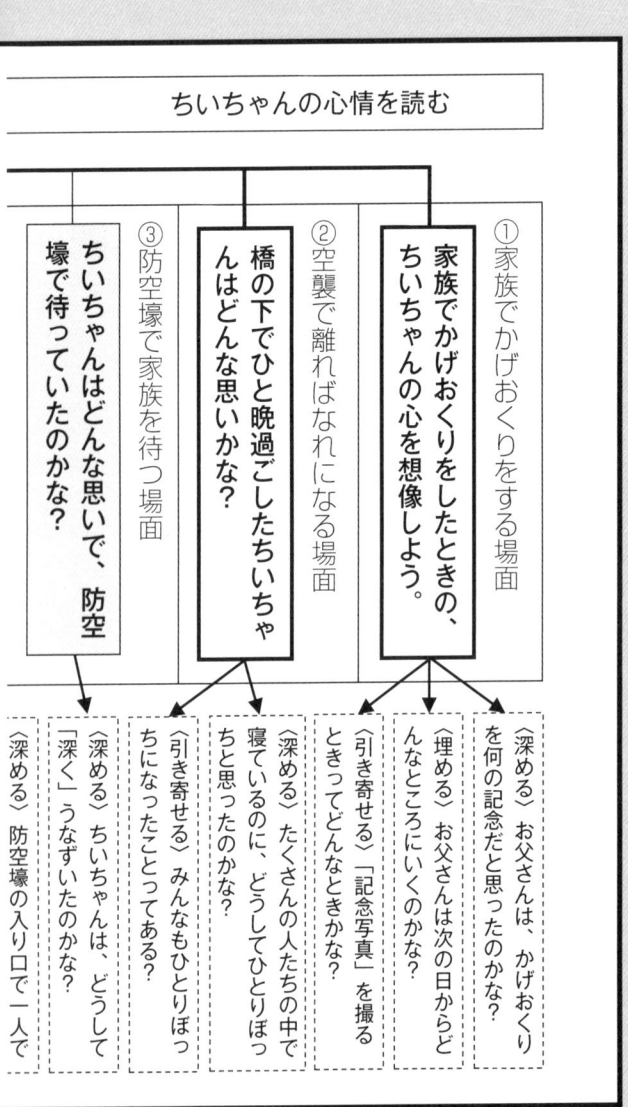

客観的に読む

④お花ばたけの場面

2回のかげおくりを比べて、四場面のちいちゃんの心を想像しよう。

⑤何十年後の場面

中心発問

最後の五場面には、どんな願いが込められていますか？

倒れているちいちゃんのことをどう思いますか？

〈埋める〉ちいちゃんは死んでしまったけど、どこで死んでしまったのかな？

〈引き寄せる〉一人で防空壕の入り口で倒れているちいちゃんはどんな表情かな？

〈深める〉ちいちゃんが亡くなった防空壕は、どうして家とかではなく「小さな公園」になったのでしょう？

凡例

- 中心発問につながる重要発問
- 各場面を読むための発問
- 切り返し発問

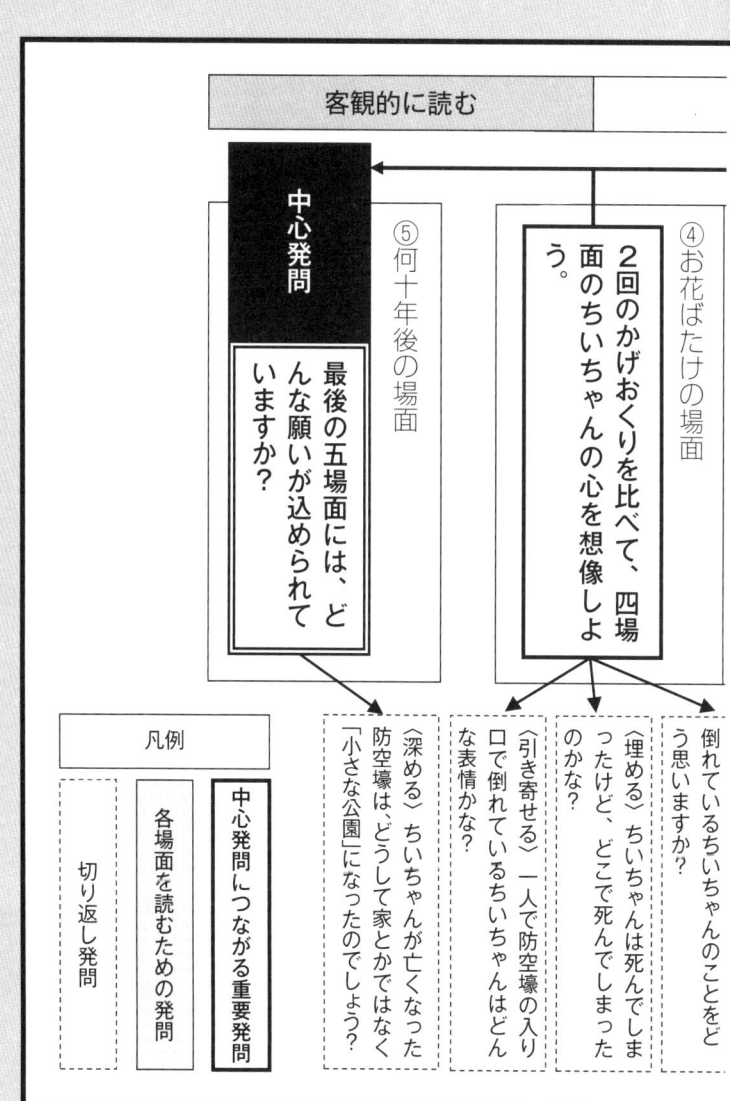

2 発問を位置づけた単元計画

●単元の中心発問
◎単元の中心発問につながる重要発問
○各場面を読むための発問
△子どもの反応に対する切り返し発問
・子どもの反応

次／時	子どもの学習活動	主な発問と反応
第一次 1時	1 教師の範読を聞く。 2 時の設定、場の設定、登場人物と中心人物を確認する。 3 初発の感想を書く。 4 五場面について考える。	**○五場面にはちいちゃんは登場しませんが、五場面はどうしてあるのでしょう？** ・五場面にはちいちゃんも、ちいちゃんの家族も登場しないね。 ・四場面の最後にちいちゃんは死んでしまうから、五場面は必要ないな。 **△わざわざ五場面があることで、みんなに何か伝えたいことがあるのかもしれないね。** ・戦争が終わって平和になったことを伝えたいのかな。 ・小さな子が公園で遊んでいるって書いてあるから、戦争よりも平和がいいってことかな。

2時	1 音読する。 2 「時・場・人物」の観点で場面分けをする。 3 ちいちゃんの家族への強い想いを読み取り、そのうえで戦争について考えていくために、『ちいちゃんのかげおくり』における変容を次の観点から捉える。 ・何が変わったのか ・どのように変わったのか ・なぜ変わったのか	○**何が変わったのかな?** ・ちいちゃんとその家族です。 ○**どのように変わったのかな?** ・家族四人一緒に暮らしていたけれど、引き裂かれ、ちいちゃんは死んでしまいました。 ○**なぜ変わったのかな?** ・戦争によってお父さんは出征したり、他の三人は空襲を受けたりしたからです。
第二次 1時	1 家族でかげおくりをする場面を読んで、人物設定や人物の関係、心情を読み取る、という課題をもつ。 2 各自で、家族でかげおくりをする場面を読んで、お父さんやちいちゃんの心情を想像できる文を見つけ出す。 3 全体で根拠となる文を出し合い、ち	◎**家族でかげおくりをしたときの、ちいちゃんの心を想像しよう。** ・戦争中の話だけど、四人でかげおくりをしている様子は平和な感じがするから、穏やかな気持ちだと思います。 ・かげおくりをお父さんに教えてもらって、「すごうい」と驚き、家族全員でそれをできることがうれしい。 △**お父さんは、かげおくりを何の記念だと思ったのかな?**

	いちゃんやお父さんの心情を共有する。 4 「ちいちゃん日記」という形で、ちいちゃんになりきって、お父さんが出征した日の夜の日記を書く。	・戦争に行く前だから、家族みんなの記念写真だと思う。 ・戦争も厳しそうだし、ひょっとしたらお父さんはもう家族に会えないと思っているかもしれないね。 ・もう自分は死んでしまうかもしれないから、生きているうちの最後の記念写真なのかもしれないね。 ・でも、ちいちゃんはまだ小さいからそんなことはわからないね。
2時	1 橋の下でひとりぼっちで眠るちいちゃんの心情を読み取る、という課題をもつ。 2 各自で、ちいちゃんの心情を想像できる文を見つける。 3 ちいちゃんのさみしさや孤独について話し合う。 4 「ちいちゃん日記」という形で、橋の下でひとりぼっちになった夜のちいちゃんになりきって日記を書く。	**◎橋の下でひと晩過ごしたちいちゃんはどんな思いかな?** ・お母ちゃんと思ったのに違う人だったり、家族とはぐれてしまってさみしい。 ・お兄ちゃんはけがをしているから心配。 ・この後、家族と会えるかすごく不安。 **△たくさんの人たちの中で寝ているのに、どうしてひとりぼっちと思ったのかな?** ・たくさんの人がいても、ちいちゃんが会いたいのは家族だけ。 ・まわりに人がいても、自分が安心できる人が一人もいないと、ひとりぼっちになっちゃう。

3時	4時
1 防空壕で、一人で家族の帰りを待つちいちゃんの心情を読み取る、という課題をもつ。 2 各自で、ちいちゃんの心情を想像できる文を見つける。 3 ちいちゃんの家族に会いたい気持ちや希望について話し合う。 4 「ちいちゃん日記」という形で、防空壕で一人過ごす夜のちいちゃんになりきって日記を書く。	1 一場面と四場面の2回のかげおくりを比較して、一人でかげおくりをした四場面におけるちいちゃんの心情を読み取る、という課題をもつ。 2 各自で、2回のかげおくりを比べて、違うところと同じところを見つける。 3 家族に会えたちいちゃんの心情を共有する。
○ちいちゃんはどんな思いで、防空壕で待っていたのかな？ ・はす向かいのおばさんに会えて少し安心したけど、お母さんやお兄ちゃんに会えなくてさみしい。 ・きっとお母さんやお兄ちゃんが帰ってくると信じている。 ・夜になると防空壕は真っ暗だからすごく怖い。 **△ちいちゃんは、どうして「深く」うなずいたのかな？** ・本当は帰ってくるか不安だけど、自分に言い聞かせるように深くうなずいた。	**◎2回のかげおくりを比べて、四場面のちいちゃんの心を想像しよう。** ・2回とも家族みんなでかげおくりをしているのは同じだね。 ・2回目は、意識もはっきりしないままかげおくりをしている。 ・ちいちゃんは、きらきら笑って走り出すから、会いたかった家族に会えて、本当にうれしい。

4 ちいちゃんの頭の中では家族に会えているが、実際は、一人で防空壕の入り口に倒れていることを確認する。

5 防空壕の入り口で一人倒れているちいちゃんをどう思うか交流する。

△防空壕の入り口で一人で倒れているちいちゃんのことをどう思いますか？

・家族に会いたかったちいちゃんが家族に出会えたからよかった思う。死んでしまったけど絶対顔は笑顔。

・ちいちゃんの頭の中では家族に出会えたけど、実際はひとりぼっちで死んでしまったからかわいそう。

・ちいちゃんの気持ちを考えれば、よかったねと言いたいけど、でもなんか悔しいような悲しいような感じ。

5時

1 ちいちゃんのお話とはあまり関係がない最後の場面には、何か思いが込められていることを確認し、それを読み取ることを捉える。

2 各自で五場面を読み、これまでの場面とつなげながら五場面に込められた思いを読み取る。

3 お互いの読みを共有する。

4 お互いの読みを交流して、感じたことをまとめる。

●最後の五場面には、どんな願いが込められていますか？

・ちいちゃんはひとりぼっちでしかかげおくりができなかったから、その場所にできた小さな公園は、いつまでも子どもたちの笑い声が聞こえるような場所であってほしいという願いだと思います。

・「お兄ちゃんやちいちゃんぐらいの子どもたちが」と書いてあるから、今の私たちと同じように楽しく遊びたいけど、戦争でそれができなかった子どもたちがいたことを忘れないでほしいという願いだと思います。

△ちいちゃんが亡くなった防空壕は、どうして家とかではなく「小さな公園」になったのでしょう？

		・いつの時代も、ちいちゃんと同じような年齢の子がきらきら笑えるように、という思いから、小さな公園にしたのだと思います。 ・ちいちゃんも生きていたら、お母さんになってこの小さな公園で自分の子どもを見ていたのかもしれないね。 ・ぼくの家の近くの小さな公園にも、何十年も前に、同じような経験をした子どもたちがいたのかもしれないな…。
第三次 1時	1 子どもたちが書いてきたこれまでの「ちいちゃん日記」を抜粋し、音読する。 2 各自一番心に残る場面を音読する。 3 『ちいちゃんのかげおくり』を学習して、心に残ったことや考えたことをノートにまとめる。 4 単元の学びを振り返り、これからの読みに生かせそうなことをまとめる。	**○『ちいちゃんのかげおくり』の学習を通して心に残ったことを交流しましょう。** ・私は、四場面で家族に会えてよかったと思いました。家族はいつも一緒でいることが幸せだと思います。 ・ぼくは、ちいちゃんが家族に会いたいと思いながらも死んでしまったのがかわいそうだと思いました。戦争は人の命と未来を奪うのだとわかりました。 ・最後の場面にも、強いメッセージが込められていることがわかりました。

3　授業展開例

①第二次2時の授業展開例

まず、二場面（空襲でちいちゃんがお母さんたちとはぐれる場面）を音読し、二場面のちいちゃんの心情を読み取るという課題を確認します。次に、ちいちゃんの心情を想像できる言葉や文を見つけてサイドラインを引かせます。

そして、次の重要発問を子どもに投げかけます。

T　**橋の下でひと晩過ごしたちいちゃんはどんな思いかな？**

C　お母さんやお兄ちゃんとはぐれてしまったからさみしいと思います。

C　お兄ちゃんがけがをしてしまったから心配だと思います。

C　この後、家族に会えるのかすごく不安です。

子どもたちは、さみしさや不安など感情を想像します。しかし、まだちいちゃんの心情理解は深まっていません。

そこでさらにちいちゃんに近づけるために切り返しの発問をします。

T　みんなの言う通り、ちいちゃんはさみしくて不安なんだね。でも、橋の下で眠るとき、たくさんの人たちの中で寝ているのに、どうしてひとりぼっちと思ったのかな？

C　確かに、たくさんの人がいたら、ひとりぼっちではないなぁ…。

C　ちいちゃんが安心できるのは、家族とか知っている人だけだから、知らない人がたくさんいても、ちいちゃんはひとりぼっちに感じるんだよ。

C　ぼくも、前に迷子になったとき、まわりに人はたくさんいたけど、すごく不安でさみしかった。ぼくはひとりぼっちで寝るなんて無理だなぁ…。

話し合う中で、家族と切り離されたちいちゃんの孤独や不安に寄り添って読むことができます。また、自分の経験とつなげることで、より深くちいちゃんの心情を想像することができます。

最後にまとめとしてちいちゃんになりきって「ちいちゃん日記」を書きます。

T　よく読むことができたね。では最後に、「ちいちゃん日記」を書いてもらいます。みんながちいちゃんになりきって日記を書きます。もしちいちゃんが、橋の下で寝る直前に日記を書くとすると、どんなことを書くかな?

C　「わたし、ひとりぼっちになっちゃった。だってまわりにお母さんとかお兄ちゃんとか知っている人がいないんだもの。お母ちゃんとお兄ちゃん無事だったらいいな。私がここにいることに気づいてくれるかな。お母さんは私がいないから心配してるかな。とってもさみしいよ。こわいよ。お母さん早く来て」

日記を書くことで、1時間の学びを踏まえてちいちゃんの心情をより深く共感的に理解することができます。

②第二次4時の授業展開例

まず前時の最後に書いた「ちいちゃん日記」をいくつか紹介します。そして一場面と四場面のかげおくりを比べながら、四場面のちいちゃんの心情を想像することを確認します。

T **2回のかげおくりを比べて、四場面のちいちゃんの心を想像しよう。** 一場面と四場面のかげおくりの同じところと違うところは?

C 同じところは、家族4人でかげおくりをしたところです。お父さんとお母さんの会話も一緒です。

C でも、お父さんとお母さんの会話は、四場面は空から降ってきます。一場面は実際の会話だけど、四場面はちいちゃんの空耳みたいなものだと思います。

C 一場面は4つのかげぼうしがあるけど、四場面はちいちゃんのかげぼうし1つだけしかありません。でも、空に上がったのは、一場面も四場面も4つの白いかげです。

C 一場面は実際にあったことだけど、四場面は本当は4人でかげおくりをしていなくて、ちいちゃんの心の中のことだと思います。

2つのかげおくりを比べて、四場面は実際はちいちゃんが一人でかげおくりをしているけれど、ちいちゃんの心の中では家族4人でかげおくりをしていることを確認します。

次に、お花ばたけのちいちゃんの心情を読みます。ちいちゃんの心情が想像できる言葉や文にサイドラインを引かせます。

T　四場面のちいちゃんの心は?

C　「暑いような寒いような」「ふらふらする足」ってあるから、意識もはっきりしなくなっていると思います。

C　「ふらふらする足をふみしめて」ってあるから、最後の力をふりしぼっている感じがします。お父さんとお母さんの声が聞こえたからすごく勇気が出たのだと思います。三場面で学習したように、ちいちゃんは家族に会えると強く信じていたから。

C　青い空にくっきりと白いかげが4つ見えたから、ちいちゃんは家族に会えたのだと思ったのだと思います。やっと会えたからすごくうれしかったと思います。

C　「きらきら」笑い出したってことは、家族に出会えてすごく安心したし、すごくうれしかったのだと思います。

これまでの学習で、ちいちゃんの家族に会いたいという願いや孤独やさみしさを共感的に読んでいるので、子どもたちはちいちゃんの家族に会えた喜びや安心に共感した読みが続きます。

そこで、切り返しの発問をします。これまでの学習では、子どもたちの読みの視点は「ちいちゃん」です。切り返しの発問は、子どもたちの視点を「読者」に変える発問です。そうすることで、子どもたちを揺さぶり、本教材の大きなテーマの「戦争」に向かいます。

T　みなさん、よく想像できましたね。ちいちゃんは、ようやく家族に会えたのですね。ちいちゃんはうれしかったでしょう。そこで、もう1つみなさんに聞きたいことがあります。ちいちゃんの心の中では、家族に出会えています。でも、実際は、一人で死んでしまったのです。防空壕の入り口で一人で倒れているちいちゃんのことをどう思いますか?

C　死んでしまったけど、ずっと家族に会いたかったから、よかったと思います。

C　でも実際のちいちゃんは、防空壕の入り口で一人で倒れているんだよね。それってすごくかわいそうなことだと思います。

C　でも、一人で倒れているけど、死んでしまったちいちゃんの顔は絶対笑顔だよ。だから、かわいそうだけど、よかったと私は思います。

T　みなさんの話し合いをまとめますね。ちいちゃんの気持ちを考えるとよかったと思えるけど、一人の読者として外からちいちゃんを見るとかわいそうだと思うのですね。そんなみなさんの今の気持ちを「切ない」とも言います。物語にはこのようなことはよくあります。

「登場人物」の視点で読むのか、「読者」の視点で読むのかによって受け取る主題が変わる物語は多くあります。4年生で学習する『ごんぎつね』なども同じような構図です。『ちいちゃんのかげおくり』は、「読者」の視点になったときの読みをできるだけ深くするために、これまでの学習においてちいちゃんへの同化を大切にしてきました。そのために、ちいちゃんの心情を想像したり、「ちいちゃん日記」を書いてきました。ちいちゃんへの同化が強ければ強いほど、読者として受け取るメッセージも強くはっきりしたものになります。本時の最後は、「ちいちゃんをどう思うか」や「ちいちゃんに手紙を書こう」など、ちいちゃんではなく読者として書かせることが有効です。

③第二次5時の授業展開例

『ちいちゃんのかげおくり』は一～四場面のちいちゃんのお話と、何十年後の平和な時代の五場面で構成されています。五場面を深く読むには、一～四場面の読みが重要になります。そこでまず、一～四場面に書いた「ちいちゃん日記」をそれぞれの場面で1つずつ紹介します。ちいちゃんの心情の揺れ動きをしっかりと思い出した後、五場面の音読をさせます。そして、子どもたちに、単元の中心発問を投げかけます。

T　四場面でちいちゃんのお話は終わったよね。それなのに一見関係ない平和な時代の五場面が描かれているね。何か願いが込められているのかもしれない。**最後の五場面には、どんな願いが込められていますか？**

C　戦争のない平和な時代が続いてほしいという願いだと思います。

C　何十年前、ちいちゃんは家族と引き裂かれてひとりぼっちでしかかげおくりができなかったから、その場所にできた小さな公園は、いつまでも子どもたちの笑い声が聞こえるような場所であってほしいという願いだと思います。

C 「お兄ちゃんやちいちゃんぐらいの子どもたちが」遊んでると書いてあるから、戦争中も私たちと同じぐらいの年齢の子がいて、今の私たちと同じように楽しく遊びたいのだけど、戦争によってそれができなかったことを忘れないでほしいという願いだと思います。

子どもたちは、戦争の時代と平和な現在とを比較しながら、平和のよさや戦争の悲惨さについて考えを深めていきます。

さらに、五場面に込められた願いに迫るために、次のような切り返しの発問を子どもたちに投げかけます。

T ちいちゃんが亡くなった防空壕は、どうして家とかではなく「小さな公園」になったのでしょう?

C 家とかビルだと、ちいちゃんが死んでしまったお話が、後の時代に忘れられてしまうような感じがします。いつまでも、戦争がよくない、戦争によって小さな女の子が死んでしまったと語り継ぐためだと思います。

C いつの時代も、ちいちゃんと同じような年齢の子がいて、きらきら笑うことを守ってほしいという願いが込められていると思います。
C ちいちゃんも四場面の最後に、きらきら笑って、五場面の子どもたちもきらきら笑っています。家族とかが近くにいると安心できて、きらきら笑えるのだと思います。
C ちいちゃんも、もし生きていたら、お母さんになって、この小さな公園で自分の子どもを見ていたのかもしれないと思います。

子どもたちは、「小さな公園」から、子どもたちが自由に遊ぶことができる平和のよさを読み取っていきます。さらに「小さな」に込められた意味を読み深めるために、子どもたちに問いを投げかけます。

T みなさんの近所に「小さな公園」はありますか?
C ぼくの家の近くにも小さな公園があります。いつも兄弟で遊んでいます。
C 私のマンションの横にも小さな公園があります。よく考えると、たくさんの小さな公園があります。

C　ひょっとすると、私がいつも遊ぶ公園でも、何十年も前に、ちいちゃんと同じような経験をした子どもたちがいたのかもしれないと思いました。

C　そうか、あえて「小さな」公園にしたのは、ぼくたちがいつも遊ぶ公園にもそんなことがあったかもしれないと考えることができるからかもしれないね。

T　すごいことに気がついたね。四場面の最後でも、ちいちゃんが亡くなったことを「小さな女の子の命が空に消えた」と表現しているね。

C　そうか、あえて、ちいちゃんではなく、「小さな女の子」としたのは、ちいちゃんだけではなく、たくさんの小さな子どもたちの命を奪ったのだというメッセージがあるのかもしれないな。

五場面は、書かれている言葉も少なく、子どもたちの想像力が求められます。「小さな公園」というたった5文字から多くのことを想像することを経験した子どもたちには、これからも小さな言葉にこだわりをもって読みを深めていくことを期待したいものです。

第6章 モチモチの木

宍戸寛昌

1　教材解釈と単元構想

①単元の中心発問につながる教材解釈

『モチモチの木』は、小題がつけられた5つの節から成る作品です。「おくびょう豆太」「やい、木ぃ」の2節が「前ばなし」、「霜月二十日のばん」が「展開」、「豆太は見た」が「クライマックス場面」、「弱虫でも、やさしけりゃ」が「後ばなし」となります。

「前ばなし」では、中心人物豆太の人物設定が語られます。夜中に一人でせっちん（トイレ）に行けない、憶病な子どもとして描かれていますが、ここはクリティカルに読む必要がありそうです。電気のない時代の真夜中、5歳の子どもが外のトイレに一人で行けないのは当然ではないでしょうか。ここには、語り手の意図的な誘導がありそうです。そんな豆太は、唯一の肉親であるじさまの庇護のもとにあり、じさまがいなければ何もできない弱い存在として語られています。また、恐怖の象徴として夜の「モチモチの木」が説明されています。恵みを与えてくれる昼の姿との対比からも、この木が作品の鍵であることがわかります。

その、守られる豆太、守るじさま、怖いモチモチの木という関係ががらりと変わるのが「霜月二十日の晩」です。クライマックス場面は大きく、「りょうし小屋の中」「とうげの下り坂」「村からの帰り道」の3つの場面に分かれます。

このクライマックス場面における大きな変容をまとめると、次のようになります。

①最も大きく変わったことは何か。
↓「普段はおくびょうな豆太が」
②どうして変わったか。
↓「具合の悪くなった、大好きなじさまを助けるために」
③どのように変わったか。
↓「真夜中にふもとの村まで走るという、勇気ある行動を起こした」

③からは、豆太の変容をさほど感じられません。多くの物語では、前ばなしと後ばなしで中心人物に大きな変容があるものですが、この作品では「じさまぁ」と相変わらず夜中にじさまをしょんべんに起こす豆太の姿で終わっているためです。ではあれだけ勇気のある行動を示した豆太に、変容はなかったのでしょうか。考えられる解は次の3つです。

ア　もともと豆太は勇気をもっていたが、気づいていなかっただけである。
イ　豆太は臆病だったが、じさまの危機に際して急に勇気が出てきた。
ウ　臆病な豆太が臆病ながらも夢中でしたことが、結果的に勇気ある行動となった。

作品にはじめて出合った子どもの多くは、イのように考えます。しかし、泣きながら坂を駆け降りる姿は勇気の表れでしょうか。勇気とは何かを考える必要が出てきます。
以上のような教材解釈を踏まえて、この単元の中心発問を以下のように設定しました。

豆太は霜月二十日のあのときに、勇気のある子どもに変わったのかな？

②単元構想と発問

前述の中心発問を単元の最初に投げかけても、子どもはまだ浅い読みと不確定な根拠しかあげられません。

そこで、はっきりした答えを導き出すために、まずそれぞれの場面を読み、いくつかの重要発問に対する答えを明らかにしなければならないことを確認します。

重要発問①
「普段の豆太はどんな子どもなのかな？」

単元の前半は、このような発問で、前ばなし部分に描かれた、豆太の人物設定を読む必要感をもたせます。ここで普段の豆太がどんな子どもかをしっかりと読み取っておかないと、クライマックス場面で何が変わったかに気づくことができないからです。

しかし、この発問だけだと、「臆病」「五歳なのに一人でせっちんに行けない」といった、書かれていることをなぞる答えばかりになります。そこで、「語り手」の存在とそのバイアスを明らかにし、読み手を豆太の心情に近づける次のような発問で、子どもを揺さぶります。

切り返し発問

「豆太のことを一番臆病だと思っているのはだれかな?」

揺さぶられた子どもは、「語り手はどうしてこんなに豆太に厳しいのかな」「一番臆病だと思っているのは豆太自身なのかも」と、教材文の記述に立ち戻りながら、さらに読みを深めていくはずです。

重要発問②

「豆太は転げたじさまを見ながら、何と何の間で迷ったのかな?」

単元の中盤では、豆太が動き出すきっかけを読みます。霜月二十日の晩のじさまの状況、普段の優しさだけでなく、豆太の切実さを考えさせる切り返しをします。

切り返し発問

「もしじさまが死んでしまったら、豆太はどうなるかな?」

峠の小屋に住むたった一人の身内というだけでなく、あらゆる困難や恐怖からいつも守ってくれる存在がいなくなってしまうという恐怖を、子どもにも感じさせたいものです。

重要発問③

「豆太はどうしてまたじさまをしょんべんに起こしたのかな?」

単元の中盤では、後ばなしで語られるじさまの言葉の意味と、最初と変わらないような豆太の行動についても読んでおく必要があります。じさまの話は、長いうえに抽象的なため、子どもはさらっと流して読みがちです。

そこで、次のように切り返します。

切り返し発問

「豆太はじさまの話をどこまで理解できたのかな?」

これらの重要発問に対する子どもの読みが共有されたところで、単元はいよいよ終末です。中心発問に対するそれぞれの子どもの考えを出し合うことになります。

③発問で見る単元の見取図

日常

守る：豆太　守られる：じさま

①おくびょう豆太

普段の豆太はどんな子どもなのかな？

②やい、木ぃ

豆太にとって、じさまはどんな存在なのかな？

③霜月二十日のばん

じさまは豆太にどうなってほしいのかな？

〈深める〉豆太のことを一番臆病だと思っているのはだれかな？

〈埋める〉豆太は普段、どのような一日を過ごしているのかな？

〈引き寄せる〉自分から見て、豆太は本当に臆病かな？

凡例
- 中心発問につながる重要発問
- 各場面を読むための発問
- 切り返し発問

〈深める〉じさまの腹痛は本当に心配いらないのかな？

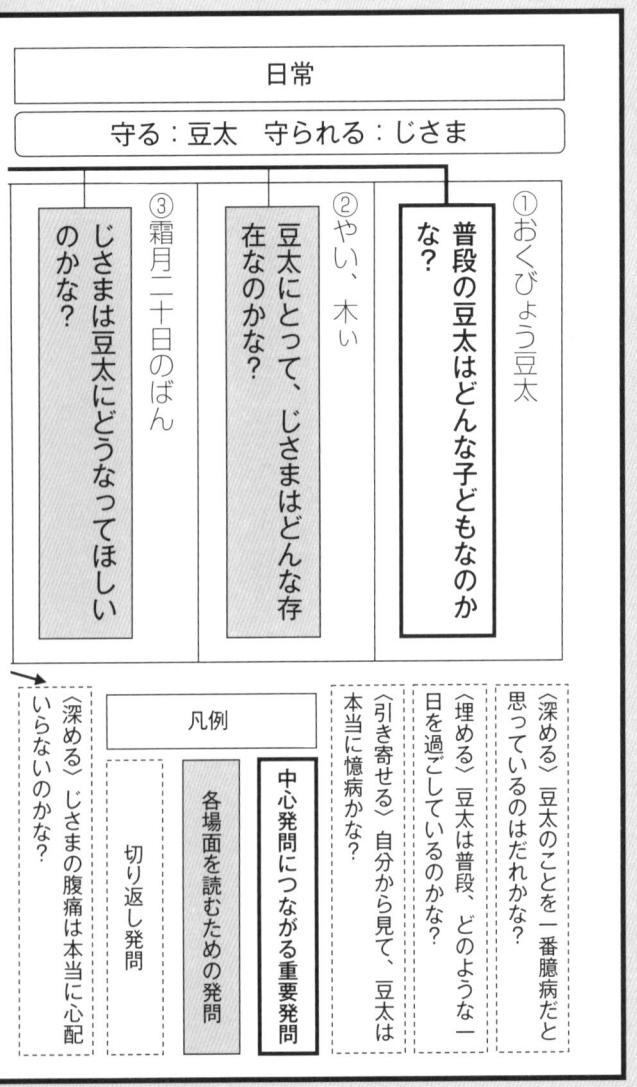

日常	非日常
	守る：豆太　守られる：じさま

④豆太は見た

豆太は転げたじさまを見ながら、何と何の間で迷ったのかな？

〈埋める〉もしじさまが死んでしまったら、豆太はどうなるかな？

〈引き寄せる〉豆太のようなピンチが、自分にもあったかな？

中心発問

豆太は霜月二十日のあのときに、勇気のある子どもに変わったのかな？

豆太が見た木は、じさまやおとうが見たのと同じものかな？

⑤弱虫でも、やさしけりゃ

豆太はどうしてまたじさまをしょんべんに起こしたのかな？

〈深める〉豆太はじさまの話をどこまで理解できたのかな？

〈埋める〉その後の豆太は一人でしょんべんに行ったのかな？

〈引き寄せる〉自分が豆太なら、一人でしょんべんに行くかな？

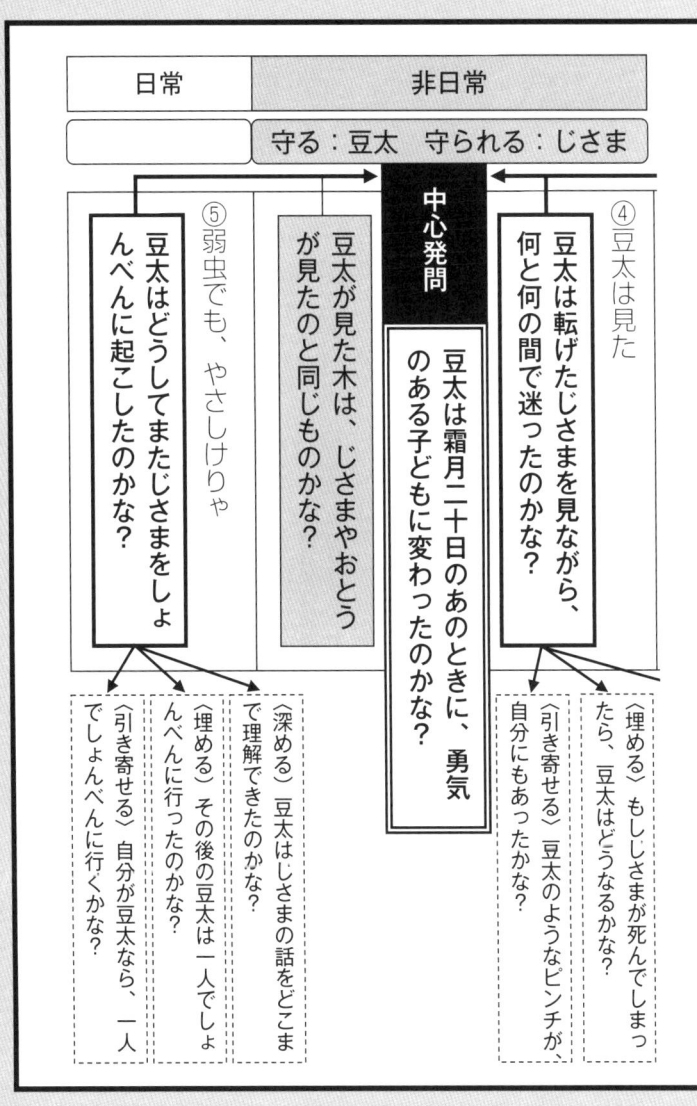

2 発問を位置づけた単元計画

●単元の中心発問
◎単元の中心発問につながる重要発問
○各場面を読むための発問
△子どもの反応に対する切り返し発問
・子どもの反応

次／時	子どもの学習活動	主な発問と反応
第一次 1時	1 これまでに読んだ教材を基に、前ばなしと後ばなしにおける、中心人物の変容について確認する。 2 教師の範読を聞く。 3 豆太の変容について自分の考えを書き、友だちと意見を交流する。 4 単元の学習課題と計画を設定する。	**●豆太は霜月二十日のあのときに、勇気のある子どもに変わったのかな？** ・じさまを助けなきゃと思ったときに、勇気が出たと思う。 ・急に勇気が出るのはおかしいんじゃない？　もともと勇気があったのかもしれないよ。 **△でも、最後にまた臆病な豆太に戻っているよ。勇気はなくなったのかな？** ・じさまが元気になったから甘えているんじゃない？ ・勇気って何だろう。出たりなくなったりするのかな？

第二次 1時	1 普段の豆太の様子から、勇気が感じられる部分はないかを読み取るという課題をもつ。 2 各自で「おくびょう豆太」を音読し、普段の豆太の様子がわかる文を見つける。 3 全体で根拠となる文を出し合い、普段の豆太の状況を共有する。 4 「○○豆太」という形で読み取ったことをノートにまとめる。	◎**普段の豆太はどんな子どもなのかな?** ・五才なのに臆病。 ・一人ではしょんべんに行けないぐらい臆病。 ・じさまに甘えてばっかりいる。 △**自分から見て、豆太は本当に臆病かな?** ・五才のころなら自分でトイレに行けたよ。 ・でも、電気がなくて、外にトイレがあるんでしょ。五才だったら無理かも。 △**では、豆太のことを一番臆病だと思っているのはだれかな?** ・えっ、じさまじゃないよね。豆太本人かな? ・臆病って言っているのは、この物語の語り手だよね。
2時	1 前時に出てきた夜のモチモチの木を基に、豆太から見た昼と夜の木を比べるという課題をもつ。 2 各自で「やい、木ぃ」を音読し、昼と夜の、モチモチの木の様子と豆太の行動を表にまとめる。	○**豆太にとって、じさまはどんな存在なのかな?** ・昼は、モチモチの木の実を美味しいもちにしてくれる人です。 ・夜は、一緒にしょんべんに起きてくれる人です。 △**ということは、豆太にとってじさまは、お世話をしてくれる便利な人ということ?**

	3 昼と夜の豆太に対するじさまの様子から、豆太にとってじさまがどんな存在かを話し合う。 4 「○○じさま」という形で、読み取ったことをノートにまとめる。	・いや、それだけじゃなくて、たった一人の家族だから。 ・そうだよ。前の時間に読んだみたいに、豆太のことをすごく大事に思っています。 ・だから豆太も、いつも守ってくれるじさまのことが大好きなのだと思います。
3時	1 前時までに読んだことを基に、霜月二十日の晩を、じさまと豆太がそれぞれどう思っているのかを考えるという課題をもつ。 2 各自で「霜月二十日のばん」を音読し、じさまと豆太の捉え方の違いを抜き出す。 3 じさまの思いと豆太の思いについて話し合う。 4 「本当は○○だけど○○な豆太」という形で、読み取ったことをノートにまとめる。	**○臆病なのを知っているのに、じさまは豆太に夜のモチモチの木を見てごらんと言っています。じさまは豆太にどうなってほしいのかな？** ・自分もお父も見たのだから、ぜひ豆太にも見てもらって、勇気のある子どもだと証明してほしい。 ・いつもは言わないけれど、やっぱり豆太にもっと勇気を出してほしいと思っている。 **△でも、その夜じさまは豆太を胸に抱えて寝ているよね。木を見せたいのならば、おかしくありませんか？** ・ううん。本当は勇気を出してほしいのだけれど、やっぱり無理かなあと思ってあきらめた。 ・えっ、ひょっとしてお腹が痛くなったのは演技なの？

4時	1 臆病な豆太が、何を考えて寒い夜に外へ飛び出したのかという課題を捉える。 2 各自で「豆太は見た」の前半を音読し、豆太の行動と心情を読み取る。 3 そのときの豆太の心情について話し合い、その切実な思いを共有する。 4 「○○な豆太の心」という形で読み取ったことをノートにまとめる。	**○豆太はじさまを見てすぐに小屋を飛び出したのかな？** ・じさまの様子が詳しく書いてあるから、じさまをじっと見ながらどうしようって迷ったと思う。 **◎豆太は転げたじさまを見ながら、何と何の間で迷ったのかな？** ・外に行くか、行かないか。 ・じさまを助けるためには外に行かなきゃだけど、外は怖いから迷っていた。 **△もしじさまが死んでしまったら、豆太はどうなるかな？** ・何にもできない。ご飯もしょんべんも。何より一人っきりになっちゃったら自分も死ぬしかない。 ・そりゃあ豆太も迷っただろうなあ。
5時	1 医者様を迎えに行った帰りに見たモチモチの木の、豆太と医者様の見え方の違いの意味を読むという課題を捉える。 2 各自で「豆太は見た」の後半を音読し、豆太と医者様の見え方の違いを表にまとめる。	**○豆太が見た木は、じさまやおとうが見たのと同じものかな？** ・同じ。霜月二十日の晩だし、豆太が勇気を出した後に見たから。 ・違う。医者様が一緒だし、きれいじゃなくて不思議なものだと豆太は言っているから。

3 豆太が見たモチモチの木の灯の意味について話し合う。

4 「モチモチの木の灯とは○○」という形で読み取ったことをノートにまとめる。

△医者様が一緒だから勇気のある子どもだということ？

・本当は豆太が一人で見なければいけないんだけど、神様がおまけしてくれたのかな。

・医者様が言っている言葉が、すごく科学的というか、大人っぽいので、同じものを見ても、豆太にしかモチモチの木の灯には見えなかったのかもしれないよ。

6時

1 最後の場面のじさまの言葉と豆太の行動から、豆太は変わったのかという課題を捉える。

2 各自で「弱虫でもやさしけりゃ」を音読し、じさまの言葉と豆太がした行動を結びつけて読み取る。

3 じさまの言葉を基に、豆太は変わったのか否かについて話し合う。

4 「ふだんは○○だけど、いざというときには○○な豆太」という形で読み取ったことをノートにまとめる。

◎豆太はどうしてまたじさまをしょんべんに起こしたのかな？

・じさまが元気になってからだから、うれしくて甘えているんじゃない？

・じさまの「やさしささえあれば、やらなきゃならねえことは、きっとやるもんだ」の言葉を聞いて、普段は勇気を出さなくてもいいと思ったのかも。

△豆太はじさまの話をどこまで理解できたのかな？

・五才だから、何となくほめてくれていることはわかったと思う。

・いざというときに勇気を出せば、普段は子どもらしくしていればいいと思った。

第三次 1時	
1 重要発問に対するこれまでの読みを基に、中心発問への自分なりの答えを書くという課題を捉える。 2 毎時間の最後に書いてきた短文を表にまとめ、中心発問の答えに役立つ部分を抜き出す。 3 短文を表にまとめたものを基に、中心発問に対する自分の答えをまとめ、友だちと交流する。 4 単元の学びを振り返り、これからの読みに生かせそうなことをまとめる。	**●単元の最初の質問をもう一度します。豆太は霜月二十日のあのときに、勇気のある子どもに変わったのかな？** ・最後にまた臆病な姿を見せているから、大事なじさまがピンチになった霜月二十日の晩に、一瞬だけ勇気が出たのだと思います。 ・峠を下る豆太の姿は、勇気があるというよりも無我夢中でじさまを助けることしか考えていないと思います。 ・私も同じ考えです。豆太は勇気があるから一人で外に出たのではなくて、怖いけれど必死にがんばっただけ。それが後から勇気のある行動だったとじさまに認められた。 **○単元の最初に書いた答えと、どこが、どのように変わりましたか？** ・暗くて怖い坂を走って下ったから、豆太は勇気があるなあと思っていたけれど、勇気がないのにがんばったと考えるようになりました。その方がすごいです。 ・勇気は簡単に出したり引っ込めたりできないことがわかりました。前半は語り手が臆病臆病って言って、後半はじさまがほめるから勘違いしてしまったのです。

3 授業展開例

①第二次1時の授業展開例

まず「おくびょう豆太」の節を音読し、前時に確認した中心発問と関連させることで、普段の豆太には本当に勇気がないのかを確かめたいという問いを見出させます。次に、当該場面から普段の豆太の様子がわかる部分を見つけて、サイドラインを引かせます。そこで次の重要発問を子どもに投げかけます。

T　つまり、**普段の豆太はどんな子どもなのかな？**
C　もう5歳になったのに、ひとりでしょんべんに行けないぐらい臆病です。
C　怖いとじさまに頼ってばかりいる甘えん坊です。

C　とにかく臆病。怖がってばっかりです。

根拠となる部分に線を引いたばかりですから、当然豆太に対する否定的な発言が続きます。しかし、このままでは「臆病」というレッテルが邪魔して、豆太の内面に近づいていく読みにつながりません。そこで、切り返しの発問を投げかけます。

T　豆太が臆病という声が多いけれど、自分から見て、豆太は本当に憶病かな？
C　ええ？　5歳ならもう一人でトイレに行っていたよ。
C　そうそう。だいたいは電気つけて一人で行ってた。豆太は子どもすぎるよ。
C　あっ、でも豆太のころは、電気とかないんだよね。
C　そうか、電気なんてないから、夜は真っ暗なんだ。それに、トイレが外にあるんでしょ。しかも、星とか木が見えているんだから、トイレもないんじゃない？
C　それなら私も行けないかも。まわりに家もないんだもん。

話し合う中で、豆太の生きていた時代が、今とはだいぶ違うことに気づいてきます。そこから、豆太が怖がるのも仕方ないと感じる子どもも出てきます。
しかし、教材文の記述にこだわる子どもも必ずいます。

C でも、教科書に「おくびょう」って何回も書いてあるよ。
C そうだよ。いくら昔でも、じさまやおとうはおくびょうじゃないんだから。

臆病か、臆病ではないかの対立がはっきりしてきたころ、語り手の存在に気づかせる次のような切り返し発問をします。

T ところで、豆太のことを一番臆病だと思っているのはだれかな？
C ええと、じさまは「かわいそうで、かわいかった」と言っているから違います。
C あっ、ちょっと後ろの場面だけれど「それじゃぁ、おらは、とってもだめだ」と言っているから、豆太本人じゃない？
T それじゃあ、さっき線を引いた部分を見てごらん。臆病だと言っているのはだれ？
C これ、だれだろう。「 」の外に書いてあるから地の文の人？

C　斎藤隆介さんじゃないかなぁ。おじさんぽい書き方だし。

ここで、地の文はすべて語り手が語っていること、語り手と作者は違うことを説明し、教材文を確かめさせます。

C　ふうん。じゃあ、豆太を臆病だと思っているのは、1位語り手、2位豆太、3位じさまだね。

C　そう考えると、語り手は豆太にちょっと厳しすぎない？　せっちんぐらいに行けたっていいなんて決めつけてるしさ。

それに賛同する声が続きます。語り手の見方に乗せられて、自分たちも豆太を厳しく見ていたことに気づいたのです。このような学びを経て、授業の終わりに「〇〇豆太」という言葉でまとめさせると、「ふだんは臆病だけれど五歳だから仕方ない豆太」や「昔だから今よりずっとトイレが怖いから臆病に見えてしまう豆太」などの、豆太の内面に迫った読みが見えてきました。

②第二次4時の授業展開例

中心発問を基に、豆太がもし勇気のある子どもに変わったのであれば「豆太は見た」の前半部分にその証拠があることを確認します。その後、豆太がしたこと（行動）を赤鉛筆で、豆太が思ったことを青鉛筆で、それぞれ線を引きながら音読させます。

T　豆太はじさまを見てすぐに小屋を飛び出したのかな?

C　はい。「表戸を体でふっとばして」と書いてあるから、転がるぐらいのすごい勢いで外に出たと思います。

C　つけ足しますが、「ねまきのまんま」「はだしで」と書かれているので、考えたり、準備をしたりする時間はなかったと思います。

T　そうだね。「医者様をよばなくっちゃ」と声に出した後の豆太は、何も考えずにものすごい勢いで駆け出していったね。じゃあ、そのスイッチが入ったのはどの瞬間なのかな?

C　うなっているじさまを見ているとき?

C　じさまの具合を見て、これはやばいというか、医者様を呼ばなくっちゃと考えた時間があったのは確かだよ。
C　そうだよ。どうしようどうしよう、よし、医者様よばなくちゃ、ピューっていう感じ。
T　なるほど、その、豆太がちょっと考えた、どうしようどうしようと思ったという証拠となる言葉はありませんか?
C　「ますますごくうなるだけだ」と書いてあります。「ますます」ということは、前のうなり声と比べているということじゃない?
C　そうそう。それから、「うなるだけだ」というところも豆太がじっくり見ているからこそわかることだよ。
T　よく見つけたね。ということは、豆太は飛び出す前にちょっとだけ考えたり迷ったりしていたということで全員OKですか?　となると、**豆太は転げたじさまを見ながら、何と何の間で迷ったのかな?**

これが重要発問となります。あちこちでつぶやきが生まれるので、まず「○と○の間で迷っていた」と個人でノートに書かせ、全体で交流します。

C　私は、医者様を呼ぶか呼ばないかで迷っているんだと思います。5歳だとこういうとき、どうしたらいいかわからないから。

C　どうしたらいいかわからないのは賛成。でも、豆太は行きたい気持ちと行けない気持ちの間で迷っているんじゃない？

C　えっ、どういうこと？　医者様を呼びに行きたいだけじゃないの？

重要発問に答えるうえで鍵となる答えですが、このまま説明しても腑に落ちないので、「行きたい」と「行けない」を対称に板書し、どういうことかをペアで考えさせます。

C　私たちのペアは、豆太の中で心が暴れているという話になりました。医者様を呼びに行きたいんだけど行けないから、どうしようって。

C　つけ足すと、行けないと思っているのは夜だから。夜はモチモチの木がお化けみたいになるから、今まで一度も一人で外に出たことがない時間。

C　そうだよね。今まで夜に外に出たときは、必ずじさまが一緒にいてくれた。そのじさまがピンチで助けなきゃならないなら、豆太も迷うはずだよ。

その後、いくつかのペアから話を聞き、何と何の間で迷っているかが共有されたところで、もう一歩豆太の必死さに思いを馳せる切り返し発問をします。

T　豆太が医者様を呼びに行けず、もしじさまが死んでしまったら、豆太はどうなるかな？

C　ええ？　それは何にもできないよ。ご飯も食べられないし、夜トイレにも行けない。

C　そうそう。何より、他に家族がいないんだから、一人きりでは生きていけないよ。

C　だから豆太はちょっと迷ったけど、外に出る方を選んだんだよ。

C　そのことは、外に出てからだけど「大すきなじさまの死んじまうほうが、もっとこわかった」という言葉でよくわかるんじゃない？

豆太の葛藤と決断に対して共有と共感が広がったところで授業を終えます。

③第二次6時の授業展開例

中心発問に答えるためには、後ばなし場面を丁寧に読むことが必要です。ここに出てくるじさまの言葉、そして豆太の最後の行動をどう捉えるかで、霜月二十日の晩の豆太の行動の意味が変わってくるからです。「弱虫でもやさしけりゃ」の場面を音読させた後、次のように子どもに問いかけます。

T　後ばなしで豆太はまたじさまをしょんべんに起こしているよね？　**豆太はどうしてまたじさまをしょんべんに起こしたのかな？**

C　じさまが元気になったその晩からだから、甘えているんだと思います。

C　私もそう思います。もしじさまが元気になっていなかったら、一人で行けたんじゃないかなあ。

C　ぼくは甘えていたんじゃなくて、前の豆太に戻ったんだと思う。じさまが元気になって話をした後、「それでも」って書いてあるから。

C　そうか。せっかくじさまがほめてくれたのに、やっぱり豆太は臆病なままだったんだって語り手が見ている証拠だね。

C　霜月二十日が特別だっただけで、また普段どおりの生活と、いつもどおりの豆太に戻ったんだよ。

T　豆太が甘えているのか、元に戻ったのか、そもそも変わっていないのかを考えるためには、じさまの言葉が鍵になりそうですね。詳しく読んでみましょう。

この後、じさまの言葉について確認します。語り口調で長い台詞ですが、次の3つのことを共有します。

1　夜道を、医者様を呼びに行ったのは勇気ある行動
2　勇気ある行動をしたからモチモチの木には灯がついた
3　勇気ある行動の元になったのは豆太の優しさ

C　要するに、豆太は優しいから、いざというときに「じさまを助けなきゃ」と思って勇気が出たってことかな。

C　うん、それなら納得。普段からじさまが好きで、優しいんだなっていうのはわかる

もの。

C　だから、霜月二十日の晩に急にドンと勇気が出たんじゃなくて、普段の優しさがあったからだよって、じさまはほめてるってことだよ。

C　じゃあ、やっぱり最後の場面も、普段通り臆病だけど優しい豆太なんだね。

子どもの中に、納得し落ち着いた空気が広がりますが、ここでもう一度揺さぶります。

T　ところで、豆太はじさまの話をどこまで理解できたのかな?

C　ああ、5歳には難しいか。何となくほめてくれてるんだろうけど。

C　最後のじさまの台詞は、豆太がモチモチの木の灯を見たという話に答えている感じです。今の豆太には半分くらいしか分からないかもしれないけど、大きくなったら理解できるんじゃないかな。もしかしたら、自分の息子に同じこと話すのかも。

ここまで読んできたことで、中心発問にもう一度向き合う準備ができました。

第7章 世界一美しいぼくの村

比江嶋哲

1　教材解釈と単元構想

①単元の中心発問につながる教材解釈

『世界一美しいぼくの村』は、アフガニスタンのパグマンという村に住む少年ヤモの視点で、内戦が続く中、戦争に行った兄を心配しながら町に果物を売りに行く一日の様子を描いた話です。物語は、パグマンについて説明してある「前ばなし」、町で果物を売る「展開」、その年の冬のことが書かれている「クライマックス場面」という構成になっており、「後ばなし」のない物語になります。

この物語のクライマックス場面は、最後の一文の「その年の冬、村は戦争ではかいされ、もうありません」です。それまで、平和な日常を描いていた物語が、その最後の一文で一変します。パグマンの村、ヤモとその家族たち、すべてなくなってしまったのではないかと、いろいろなことが頭をよぎらせます。子どもたちの初読の感想もそこに集中します。「最後どうなってしまったのか」という後ばなしを考えてしまいますし、それまでの読み方次第で、その部分の理解の深まりも変わってきます。そこで、後述の通り、中心発問もその最後の一文を捉えたものとします。

本単元でつけたい力は、「中心人物の気持ちを読み取る」としました。つまり、「中心人物ヤモの家族やふるさとへの強い愛情を読み取る」ということです。

物語を「何が変わったか、どのように変わったか、どうして変わったか」の視点で読むと、「自然がいっぱいで美しいパグマンの村が、戦争によって、破壊された」という意見が多く出るでしょう。しかし、中心人物のヤモは、村から出て、はじめて果物を売りに行き、町でいろいろな経験をします。そして、村に帰ってきて「パグマンはいいな。世界一美しいぼくの村」と改めて言うほど思いが強くなります。町ではじめて果物を売る不安、売れた喜び、町の人のさくらんぼの評価、足のない人を見て知る戦争のこわさ、兄への思い、父への思い、父の愛情など様々な気持ちが、家族やふるさとへの愛情を一層高めていく。この気持ちを読み取ることが重要です。

以上を踏まえ、単元の中心発問を次のように設定しました。

戦争で破壊されたものは何でしょう？　破壊されていないものは何でしょう？

この発問をより深く考えさせるには、物語で描かれている3つの部分を深く読み取らせていく必要があります。

・ヤモの村に対する思い→ヤモの気持ちを表す多様な言葉
・家族の愛情→家族への愛情がわかる言葉
・戦争の悲惨さ→戦争を意識させる伏線の言葉

この3つの部分を深く読むことによって、ヤモがそっとつぶやいた言葉「パグマンはいいな。世界一美しいぼくの村」の言葉の意味がより深くなります。

ヤモの家族やふるさとへの強い愛情についてより深く考え、ヤモが大切にしていたもの、それは戦争ですべて奪われてしまったのか、考えさせていくとよいでしょう。

②単元構想と発問

中心発問は、クライマックス場面に焦点化しましたが、初発の感想では、結末に言及するもの以外に、パグマンの村のよさやすべてのお金を使って羊を買う父親、また文中に出てくる戦争に関する言葉についてもあがってくるはずです。より深く考えていくためには、村や家族の愛情、戦争を重要な話題として読み深めていくことを確認します。

重要発問①

「ヤモは、どうして、町ではなく『パグマンはいいな』と言ったのでしょう？」

黒板の中央に線を引き、上に町、下にパグマンの村の特徴を書いて対比します。すると、町の方は「都会」「にぎやか」などの言葉が、パグマンの村の方は「自然がいっぱい」「果物がとれる」などの言葉が出てきます。その後、この発問を投げかけたうえで、自分は町と村のどちらがよいかを尋ね、それぞれの理由を討論します。

切り返し発問

「つまり、何が『世界一美しい』のでしょうか？」

題名にもなっている「世界一美しい」という言葉について考えます。対比させた町や村の言葉などを振り返り、「さくらんぼが美しいのかな？」などと揺さぶりながら、自然や果物だけでなく、家族への愛情、ふるさとへの思いなどに気づかせます。

重要発問②

「ヤモ、父さん、兄さんは、だれがだれを心配しているのでしょう？」

町の中で、ヤモが兄のことを心配している文があるので、それはすぐに出てきそうですが、黒板にヤモ、父、兄の三者を書いて、心配している言葉や行動の文があれば、それぞれを矢印でつないでいきます。

切り返し発問

「父さんは、羊を買おうとはじめから決めていたのでしょうか？」

「ヤモを元気づけるために買った」または、「最初から決めていた」などの意見が交わされます。いずれにせよ、家族への愛情についての視点でもう一度本文を読み直します。胸がいっぱいになっている様子を見て羊の話をしたことや、村のだれももっていないきれいな羊であることなどから、父親の愛情も読み取らせたいところです。

重要発問③

「戦争を感じさせる文や言葉はないでしょうか？」

戦争を感じさせる文や言葉は、屋根つきバザールでの足のない人とのやりとりや食堂でのおじさんとのやりとりなど、たくさんあります。その中で、ヤモがどう思ったか考えていくことで、戦争についての怖さや不安が徐々に大きくなっていっていることに気づかせます。

切り返し発問

「なぜ、羊にバハール（春）と名づけようと思ったのでしょうか？」

家族や村、兄さんのために、早く戦争が終わって、平和になってほしいという思いを読み取らせたいところです。これらの重要発問に対する子どもの読みが共有されたところで、中心発問に対するそれぞれの考えを出し合うことになります。

③発問で見る単元の見取図

村

いくつの場面に分けられるかな？

どんな時、どんな場所、どんな人たちの話なのか前ばなしから考えよう。

何がどのように変わったかな？

ヤモは、どうして、町ではなく「パグマンはいいな」と言ったのでしょう？

〈引き寄せる〉自分だったら町と村のどちらがいいですか？

〈深める〉つまり、何が「世界一美しい」のでしょうか？

凡例

- 中心発問につながる重要発問
- 各場面を読むための発問
- 切り返し発問

その年の冬	夏の一日の出来事	
もうない	村	町

ヤモ、父さん、兄さんは、だれがだれを心配しているのでしょう?

〈埋める〉父さんは、羊を買おうとはじめから決めていたのでしょうか?

〈深める〉ポンパーは家族だと思いますか?

戦争を感じさせる文や言葉はないでしょうか?

〈埋める〉ヤモは、そこでどう思ったでしょうか?

〈深める〉なぜ、羊にバハール（春）と名づけようと思ったのでしょうか?

パグマンはいいな。世界一美しいぼくの村。

中心発問

戦争で破壊されたものは何でしょう?
破壊されていないものは何でしょう?

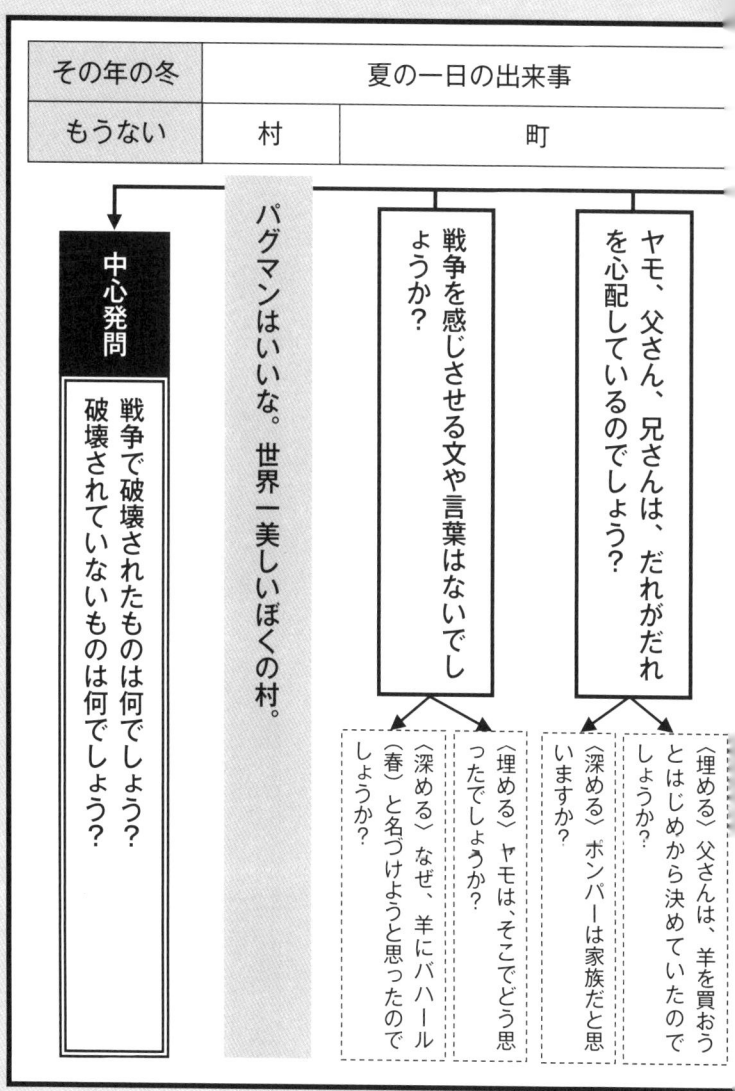

2 発問を位置づけた単元計画

●単元の中心発問
◎単元の中心発問につながる重要発問
○各場面を読むための発問
△子どもの反応に対する切り返し発問
・子どもの反応

次／時	子どもの学習活動	主な発問と反応
第一次 1時	1　全文を読んで初発の感想を交流する。 2　教師の範読を聞く。 3　物語について自分の考えを書き、友だちと意見を交流する。 4　単元の学習課題と計画を設定する。	・かわいそう。家族はどうなったの？ ・戦争は怖い。 ・お金を全部使って羊を買ったのはすごい。 **●戦争で破壊されたものは何でしょう？　破壊されていないものは何でしょう？** ・パグマンの村、自然。 ・ヤモや家族は生き残っていてほしい。 **△ヤモは何を大切にしていたでしょう。それを中心に学習して課題を解決していきましょう。** ・世界一美しい村。 ・家族。

第二次		
1時	1　場面構成を考える、という課題をもつ。 2　全文を読み、時・場・人物の視点で場面分けを自力でしていき、交流する。 3　教師の場面分けを聞いて、時・場・人物のどの視点で分けたのか考える。 4　各自で場面を、前ばなし・展開・クライマックス場面・後ばなしの４つに分ける。	**○いくつの場面に分けられるかな？** ・八場面かな。 ・時・場・人物のどれで分けようかな。 **△先生は、時・場・人物のどの視点で分けたと思う？** ・場所が変わるたびに分けている。 **△前ばなし・展開・クライマックス場面・後ばなしの４つで整理すると、どうなりますか？** ・クライマックス場面が最後になる。 ・後ばなしはない話なのかな。
2時	1　場面ごとの出来事を整理し、あらすじをまとめる、という課題をもつ。 2　各自、場面ごとに「○○した○○」というようにできるだけ短くまとめていく。 3　全体で、場面ごとに出来事を整理していく。	**○「○○した○○」でまとめるとどうなるんだろう？** ・「町に果物を売りに行くヤモ」です。 ・「戦争ではかいされた村」で「○○」が村もあるよ。 **△最後の「○○」をヤモと村に分けると、どっちが中心の話だと思う？** ・ヤモが多いから、ヤモが中心人物の話だね。

3時	1　前ばなしから、時・場・人物の設定を読み取る、という課題をもつ。 2　時・場・人物について各自で読み取り、ノートにまとめる。 3　互いの考えを交流し、時・場についてまとめる。 4　中心人物について、どのような人物か「○○しいヤモ」「○○なヤモ」とノートにまとめる。	**○どんな時、どんな場所、どんな人たちの話なのか前ばなしから考えよう。** ・時は夏だね。 ・場所はアフガニスタンのパグマンの村と町。 ・中心人物はヤモで、子どもで兄さんがいる。 **△ヤモは、どんな人物なのでしょうか？** ・優しいヤモかな。 ・元気なヤモだよ。
4時	1　物語の変容について考える、という課題をもつ。 2　各自で始めと終わりで何がどのように変わったのか、考えを整理する。 3　村だけでなく、中心人物の気持ちに変化はなかったかもう一度考え、重要話題を整理する。	**○何がどのように変わったかな？** ・美しい自然のパグマンの村が、戦争で破壊された。 **△ヤモの考えは変わっていないかな？** ・町の中でいろいろと気持ちが変わっているよ。 ・売れなくて悲しかったけど、売れて喜んでいるよ。 ・羊も買ってもらって喜んでいるね。 ・自分の村を世界一美しいと言っている。 ・戦争を怖がっているような気がする。 ・村と家族と戦争の考えが始めと変わっているね。

5時	6時
1 ヤモが言った「パグマンはいいな。世界一美しいぼくの村」という言葉から、町と村の何が違うのか、という課題をもつ。 2 各自で町と村の特徴を書いて、対比する。 3 なぜ村が世界一美しいのかについて、話し合い、読みを共有する。 4 読み取ったことをノートにまとめる。	1 前時で話題になった家族の愛情について読み取る、という課題をもつ。 2 ヤモ、兄、父に矢印を書きながら、だれがだれを心配しているのかについて読み取る。 3 父親はヤモや兄をどれだけ心配していたか話し合い、読みを共有する。 4 読み取ったことをノートにまとめる。
◎ヤモは、どうして、町ではなく「パグマンはいいな」と言ったのでしょう? ・自然がいっぱいだからかな。 ・「美しい」って何が美しいんだろう。 **△つまり、何が「世界一美しい」のでしょうか?** ・町はにぎやか。たくさんのものを売っている。 ・パグマンは自然がたくさん。 ・パグマンには家族がいるから。	**◎ヤモ、父さん、兄さんは、だれがだれを心配しているのでしょう?** ・ヤモが兄さんを心配している。 ・お父さんも兄さんを心配しているよ。 **△父さんは、羊を買おうとはじめから決めていたのでしょうか?** ・ヤモの悲しそうな顔を見て決めたんじゃない? **△ポンパーは家族だと思いますか?** ・大切な家族だと思う。

7時	1 戦争について書いてある文や言葉はないか読み取っていく、という課題をもつ。 2 各自で、戦争を感じさせる文や言葉を読み取る。 3 交流していく中で、ヤモの不安が大きくなっていることを話し合う。 4 読み取ったことをノートにまとめる。	**◎戦争を感じさせる文や言葉はないでしょうか?** ・足のない人 ・南の方の戦いは、かなりひどい **△ヤモは、そこでどう思ったでしょうか?** ・怖い ・兄さんが心配 **△なぜ、羊にバハール（春）と名づけようと思ったのでしょうか?** ・早く平和になってほしいから
8時	1 破壊されたものと破壊されていないものについて読み取る、という課題をもつ。 2 各自で破壊されたもの、破壊されていないものについてまとめる。 3 「はかい」を辞書でひいた後、互いの読みを交流する。 4 読み取ったことをノートにまとめる。	**●戦争で破壊されたものは何でしょう? 破壊されていないものは何でしょう?** ・「はかい」ってどういう意味だろう? ・壊されたのは村だけじゃないの? ・家族の愛情 ・平和を望む心 ・ヤモたちの家族

第三次 1時	1 中心発問で考えたことを基にして、ヤモが、その後兄さんに手紙を書くとしたらどのように書くか、という課題をもつ。 2 ヤモの兄さんに出す手紙を書く。 3 手紙を交流し、自分と違うところや考えが広がったところを称賛する。 4 単元の学びを振り返り、これからの読みに生かせそうなことをまとめる。	**○ヤモの兄さんに手紙を書こう。** ・兄さん、みんな強く生きていっているよ。 ・兄さん、破壊されたけれど、村は僕たちが必ず元に戻すからね。 ・兄さん、僕たちの絆は絶対壊されないよ。 ・兄さん、美しい自然を一緒に取り戻そう。 **○単元の最初に書いた答えと、どこが、どのように変わりましたか？** ・最初と比べると、ヤモがパグマンの村に対する気持ちがとっても強いのがわかりました。 ・戦争になっても負けないという家族の強い思いもわかりました。

3　授業展開例

①第二次5時の授業展開例

まず、ヤモの気持ちについて振り返ります。そして村を出て、一日町にいて、また村に戻ってきたときにつぶやいた言葉を確認し、「パグマンはいいな」とつぶやいたのはなぜかという問いを投げかけます。

黒板の真ん中に線を引き、上に町、下にパグマンの村と書いて、それぞれの特徴を出していきます。

T　**ヤモは、どうして、町ではなく「パグマンはいいな」と言ったのでしょう？**　町と村を比べてみましょう。

C　町はにぎやかで、人がいっぱいいます。
C　村は自然がいっぱいです。さくらんぼがなります。
C　さくらんぼは世界一って言われていました。
C　家族が住んでいます。

町と村の特徴が出そろったら、次の発問で、自分の立場を決めさせて、討論させていきます。

T　自分だったら町と村のどちらがいいですか？
C　町です。店がいっぱいあって楽しいからです。
C　人もたくさんいるので、町の方が都会でいいと思うな。
C　いや、村の方がいいよ。だって、世界一のさくらんぼがあるんだよ。
T　なるほど。さくらんぼはヤモも自慢していたね。他に町にはないもので、ヤモが大切にしているものはないかな？

ヤモは、どうして、町ではなく「バグマンはいいな」と言ったのでしょう？
町と村を比べてみましょう。

町	バグマンの村
にぎやか	自然がいっぱい
店がたくさん	あまいかおり
いり豆売り	さくらんぼ
車	家族
都会	果物たくさん
足のない人	ろばのポンパー
チャイハナ	

C　家族。兄さんや父さんを大切にしているよ。
C　思い出かな。自分が生まれ育った村だから。
T　なるほど。ところで、ヤモはこの言葉をいつ言ったの？

単純にヤモがこの言葉をつぶやいたわけではなく、町での一日の経験を経て、パグマンの村に戻ったときに出た言葉であることに気づかせ、その間に何があったのか確認して、ヤモが何を見て、どんな経験をしたのか全員で話し合っていきます。

C　今日、ヤモははじめてポンパーと町へ果物を売りに行ったから、いろんなはじめての経験をしたんだと思う。
C　果物を売った経験。
C　町を見た経験。
C　いろんな人と会った経験。
T　それはだれ？
C　小さな女の子、足のない人、二人の話を聞いていたおじさん。

T　どんなことを話していたの？
C　パグマンの果物の話や戦争の話。
T　なるほど，そういった経験をして，たくさんの自然や花や果物がいっぱいのパグマンがいいと言ったんだね。足のない人はどうかな？
C　足のない人は町ではじめて見たようだから，パグマンの方が平和ということかな。

ここで，何が「世界一美しい」のかをみんなで考えていきます。

T　つまり，何が「世界一美しい」のでしょうか？
C　自然がいっぱい。果物や花がいっぱいあるパグマンの村。
C　大切な家族や小さいころからの思い出がいっぱいあるパグマンの村。
C　町と比べると戦争のない平和な村。

こうして，自然だけでなく，家族の愛，平和なども含め，ヤモがパグマンを「世界一美しいぼくの村」と言っていることに気づかせます。

②第二次6時の授業展開例

前時に、パグマンの村には、美しい自然の他に、家族の愛情もたくさんあるということに気づきました。本時は「家族の愛」に焦点を当てて教材を読んでいきます。ヤモ、父さん、兄さんは互いを気にし合っていたのかという問いを出します。

T　**ヤモ、父さん、兄さんは、だれがだれを心配しているのでしょう？**

下の板書例と同様に、子どものノートにも三者を表す図をかかせ、心配している発言や行動を文中から見つけて、矢印を引いて、かき加えていきます。

C　ヤモが兄さんの心配をしていると思います。足のない人を

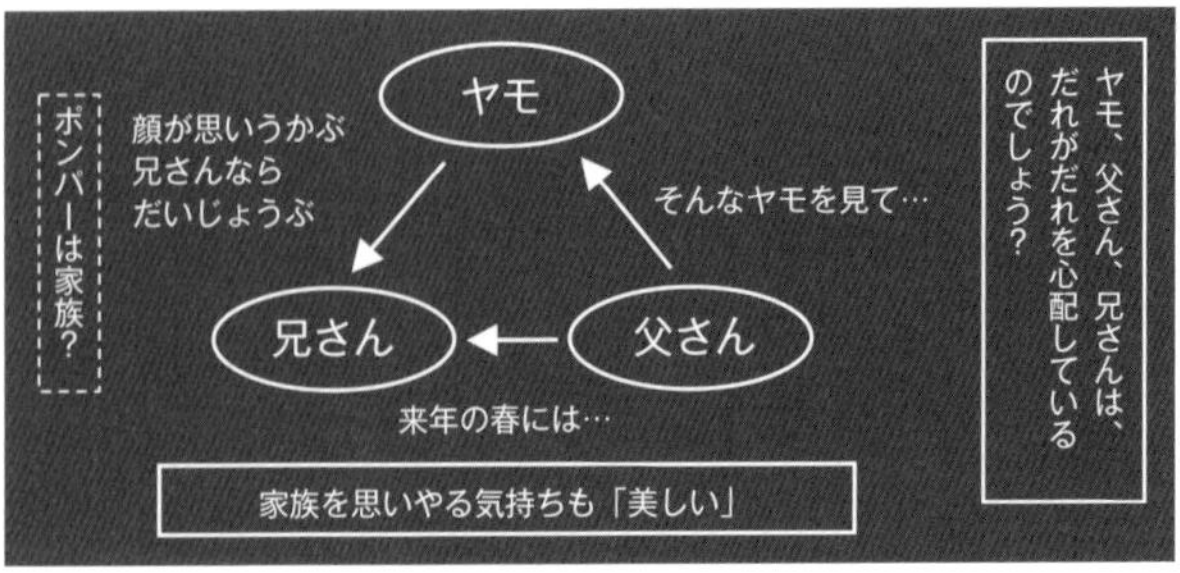

見て、兄さんの顔が思い浮かんだからです。

T　なるほど。（黒板でヤモから兄さんに向けて線を引く）他には、ヤモが兄さんを心配していることがわかる文はないかな？

C　チャイハナで、話を聞きながら、きっと春には元気で帰ってくると考えています。

C　父さんも兄さんを心配していると思います。チャイハナでとなりのおじさんと戦争の話をしているときに、兄さんを心配していると思います。

ヤモや父さんが兄さんを心配している部分はすぐに出てきますが、父さんのヤモに対する気持ちは、なかなか見つけにくい部分です。そこで、次のように発問をします。

T　父さんは、羊を買おうとはじめから決めていたのでしょうか？

これは、反応が2つに分かれます。お互いに根拠を探しながら意見を交わします。

C　はじめから決めていたと思います。「後でびっくりすることがあるよ」と言っている様子は、はじめから決めていたように感じます。

C　ヤモの胸がいっぱいになっている様子を見て、決めたんじゃないかな?

C　はじめに町に着いたときに、羊の市も立っていることがわざわざ書いてあるから、はじめに決めていた感じがします。

C　家族総出で取ったさくらんぼやすももは、生活するために町に売りに行ったので、羊の毛などが必要だから買ったのだと思います。

C　兄さんがいなくなったことで、家族が落ち込んでいるから、家族を増やしてヤモやみんなを元気づけようとして買ったのではないかな?

C　もし、兄さんがいなくなってもヤモが悲しまないように買ったのかも。

この話し合いにははっきりした答えはありませんが、話し合うことで、もう一度全文を「家族の愛」という視点で読み直すことになります。どちらにしろ、父さんは、ヤモのことや、家族のことを大切に思っているということを共有させます。そして、町にはポンパーというろばも一緒に来ていることを確認して、次の問いを出します。

T　ポンパーは家族だと思いますか?
C　ポンパーは家族です。いつもヤモのそばにいるからです。

ポンパーは家族という意見が多く出ます。
次に、ポンパーはヤモたちにどのようなことをしたのかを話し合います。

C　ポンパーはヤモを屋根つきバザールに連れて行ってくれたよ。
C　ポンパーは、兄さんと売っていたので、どこでさくらんぼが売れるか知っているんじゃないのかな。
T　ポンパーは優しいね。挿絵でもいつもニコニコ笑っているよ。

ヤモ、父親のお互いを思う深い愛情、ポンパーの存在に気づかせて、授業を終えます。

③第二次7時の授業展開例

この時間は、最後の場面につながる、戦争に関する文や言葉を探していきます。

T　**戦争を感じさせる文や言葉はないでしょうか?**

サイドラインなどを引かせ、読み取った文を交流させます。

C　町に着いたときは、「戦争なんかどこにもないみたい」と書いてあります。

C　町で「足のない人」に会います。

C　チャイハナで、「南の方の戦いは、かなりひどい」と聞きます。

言葉が出たら、その時々のヤモの気持ちに迫っていきます。

T　ヤモは、そこでどう思ったでしょうか?

C　町に着いたときは、戦争なんてどこにもないと思ってるんだから、ただにぎわいにわくわくしていたと思うよ。
T　実際の行動や書いてある言葉はありませんか？
C　「むねが…」と書いてあるよ。
C　足のない人と会ったときは、はじめて戦争でこうなるんだということを知って、怖かったと思う。
C　兄さんの顔も思い浮かべているね。
C　南の方の戦いはかなりひどいという話では、兄さんなら大丈夫と思いつつも、胸がいっぱいになってしまうぐらい心配もしているね。

このような、終末につながる場面（文や言葉）を、物語の「伏線」と呼ぶことを学習し、戦争のひどさと、徐々に大きくなってくる不安について共有した後に、次のような発問をします。

T　なぜ、羊にバハール（春）と名づけようと思ったのでしょうか？

C　来年の春には兄さんが帰ると言っていたから。

C　早く春になって兄さんに無事に帰ってきてほしいっていう願いを込めて。

C　戦争が早く終わって平和になってほしい。

こうして、中心発問の**「戦争で破壊されたものは何でしょう？　破壊されていないものは何でしょう？」**につなぎ、最後の場面について考えます。

この中心発問を考えるときは、黒板の真ん中に最後の場面の一文を書き、右に「はかいされたもの」、左に「はかいされていないもの」と書いて、子どもの考えを位置づけていくと視覚的にわかりやすく、これまで学習した自然・愛情・絆・思い出などの考えが出やすくなります。

第8章 一つの花

大江雅之

1　教材解釈と単元構想

①単元の中心発問につながる教材解釈

『一つの花』は、太平洋戦争の末期と、その十年後が舞台となっています。あまり丈夫でないお父さんに兵役の招集がかけられていることは、敗戦が濃厚になってきたことを示しています。また、夏から秋にかけて咲くコスモスを題材としていることから、終戦に近い時期であることが推察されます。

場面は5つに分けられます。時代背景と母の口ぐせを覚えたゆみ子の一場面。行間を空けて、ゆみ子の将来を心配し高い高いをする二場面。出征するお父さんを見送りに行く三場面。一輪のコスモスをゆみ子に手渡し出征する四場面。行間を空けて、十年後の母との暮らしを表した五場面。四場面が、最も大きな変容を示すクライマックス場面となります。

『一つの花』は、戦争中の場面と、十年後という結末の場面を比べて読むことで、登場人物の心情や願いをより深く捉えることができます。冒頭のゆみ子は、「ひとつだけちょうだい」と言っていましたが、末尾には「お母さん、お肉とお魚、どっちがいいの」と言っています。自分の食欲を満たすことしか考えていなかった幼児が、生活は貧しくても、お肉とお魚という選択肢があり、さらに、自分のことよりお母さんのことを考える少女に成長しています。この中心人物の成長にクローズアップする時間を、クライマックスに向き合う時間の後に設定します。そのことによって、物語の設定の意図に触れることが可能になります。

クライマックス場面の読み取りでは、「一つだけ」の意味の違いに気づかせることが大切です。ゆみ子が使っている「一つだけ」は、「たくさんほしいけれども無理なので、せめて一つはほしい」という意味合いの「一つだけ」です。これは、物質的な窮乏を示しています。お父さんの「一つだけ」は、「大切な、唯一無二の、かけがえのない」といった意味合いに変化しています。これは、物質的ではなく精神的な豊かさを示しています。

このクライマックス場面における特徴をまとめると、次のようになります。

①泣いていたゆみ子が、足をばたつかせて喜ぶという変容がある。
②一輪のコスモスの花をゆみ子に贈るという印象的な行動をとっている。
③これまで使われてきた「一つだけ」の意味が崇高な内容に変化している。
④「――」（ダッシュ）によって無言の状態を強調している。

自分の体が丈夫ではないことを自覚しているお父さんにとって、戦地に赴くことは、二度と愛する家族に再開できない覚悟をすることです。その最後の別れ際に、自身の形見としてコスモスを一輪贈っています。お父さんのゆみ子や家族への思いや愛が、この花に託されています。また、ゆみ子の将来への道しるべや平和への希求など、様々な願いが込められているとも考えられます。この「一つの花」に込められたお父さんの願いを想像することは、『一つの花』を理解するための最も大切な読み取りとなります。

以上のような教材解釈を踏まえて、この単元の中心発問を以下のように設定しました。

お父さんは「一つの花」にどのような願いをこめたのだろうか？

②単元構想と発問

重要発問①

「『お父さんはコスモスの花を見つけたのです』ではだめなのだろうか？」

この発問によって、お父さんが見つけてきたコスモスについての詳細な説明に着目させます。そして、切り返し発問を加えることによって、題名が物語を象徴していること、物語を象徴する重要な言葉が詳しく叙述されていることを指導します。

これまでの淡々とした三人称客観視点での語りとは一転、「はしっぽの、ごみすて場のような所に」「わすれられたように」という二つの比喩を用いて、一輪のコスモスの花を説明しています。この描写に対して、すべての修飾をとった「お父さんはコスモスの花を見つけたのです」の文と比較をさせます。そうすることによって、戦時中にあっても力強く可憐に咲くコスモスのもつ象徴性に気づかせるきっかけをつくっていきます。

切り返し発問

「コスモスの花にはどんな意味があるのだろうか？」

詳細な描写に作者の意図を感じた子どもは、一輪のコスモスが包括する別の意味を考え出します。忘れられたように咲いているコスモスの花は、見送りのないゆみ子たちの家族と重なってきます。また、白、桃、濃桃などの色をもつ可憐なコスモスは、戦争と真逆の平和的な存在と言えます。コスモスの花そのものだけではない意味を感じ取るはずです。

重要発問②

「お父さんの願いは、十年後の世界で実現したのかな?」

戦後の四場面において、一輪のコスモスをゆみ子に手渡したお父さんの願いは実を結んだのかについて考えさせます。この発問によって、必然的に戦後の状況把握にいざなわれます。肉と魚を選択できる様子は、豊かな時代の訪れを感じさせます。スキップしながら買い物に向かうゆみ子からは、元気にはつらつと生活を送っている様子が伺えます。

切り返し発問

「花がいっぱいになったことは、何を表しているのかな?」

五場面におけるコスモスの描写は3つもあります。いずれも、ゆみ子を見守り包んでいる印象を受けます。それはまさにお父さんの姿とリンクします。

重要発問③

「作者はなぜ『一つの花』という題名をつけたのかな?」

形では表現できない思想や理想などを、形のあるものに置き換えて表現することを「象徴」と言います。『一つの花』という題名は、まさに象徴と言えます。これまでの学習でずっとベースに流れていた「一つの花の具体とは何か」について、正面から取り組む発問です。

切り返し発問

「題名が『一つだけ』ではだめなのだろうか?」

「一つの花」に近い重要度で登場しているワードとして「一つだけ」があげられます。この2つの重要語句を比較することによって、象徴性がクローズアップされます。花のもつ象徴性の豊かさを知ることは、今後の読書生活においても十分に活用される学びとなります。

③発問で見る単元の見取図

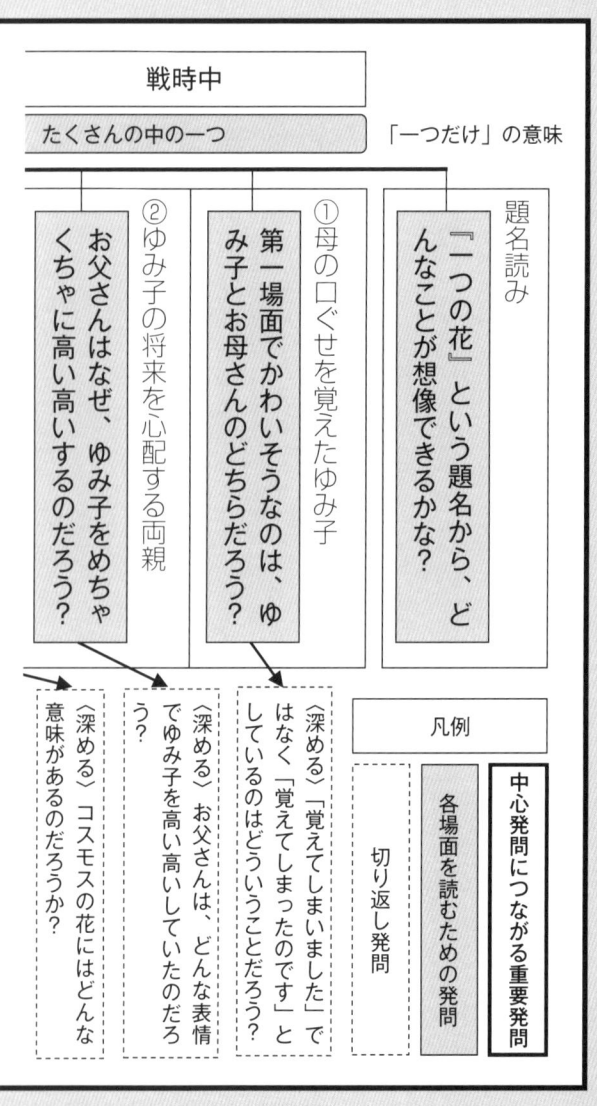

戦時中

たくさんの中の一つ

「一つだけ」の意味

題名読み

『一つの花』という題名から、どんなことが想像できるかな？

①母の口ぐせを覚えたゆみ子

第一場面でかわいそうなのは、ゆみ子とお母さんのどちらだろう？

②ゆみ子の将来を心配する両親

お父さんはなぜ、ゆみ子をめちゃくちゃに高い高いするのだろう？

凡例

中心発問につながる重要発問

各場面を読むための発問

切り返し発問

〈深める〉「覚えてしまいました」ではなく「覚えてしまったのです」としているのはどういうことだろう？

〈深める〉お父さんは、どんな表情でゆみ子を高い高いしていたのだろう？

〈深める〉コスモスの花にはどんな意味があるのだろうか？

10年後	出征
たった一つしかない大切なもの	

③父を見送りに行く母とゆみ子

「お父さんはコスモスの花を見つけたのです」ではだめなのだろうか？

〈埋める〉「わすれられたように」は、だれが忘れているのかな？

④一つの花を手渡し、出征する父

中心発問

お父さんは「一つの花」にどのような願いをこめたのだろうか？

〈深める〉なぜお父さんはゆみ子ではなく「一つの花」を見つめながら行ってしまったのだろうか？

⑤十年後、母と二人で暮らすゆみ子

お父さんの願いは、十年後の世界で実現したのかな？

〈埋める〉花がいっぱいになったことは、何を表しているのかな？

まとめ読み

作者はなぜ『一つの花』という題名をつけたのかな？

〈深める〉戦争でも奪えなかったものとは何だろうか？

〈埋める〉題名が『一つだけ』ではだめなのだろうか？

〈引き寄せる〉「～の花」という題名をつけるとしたら何を入れるか？

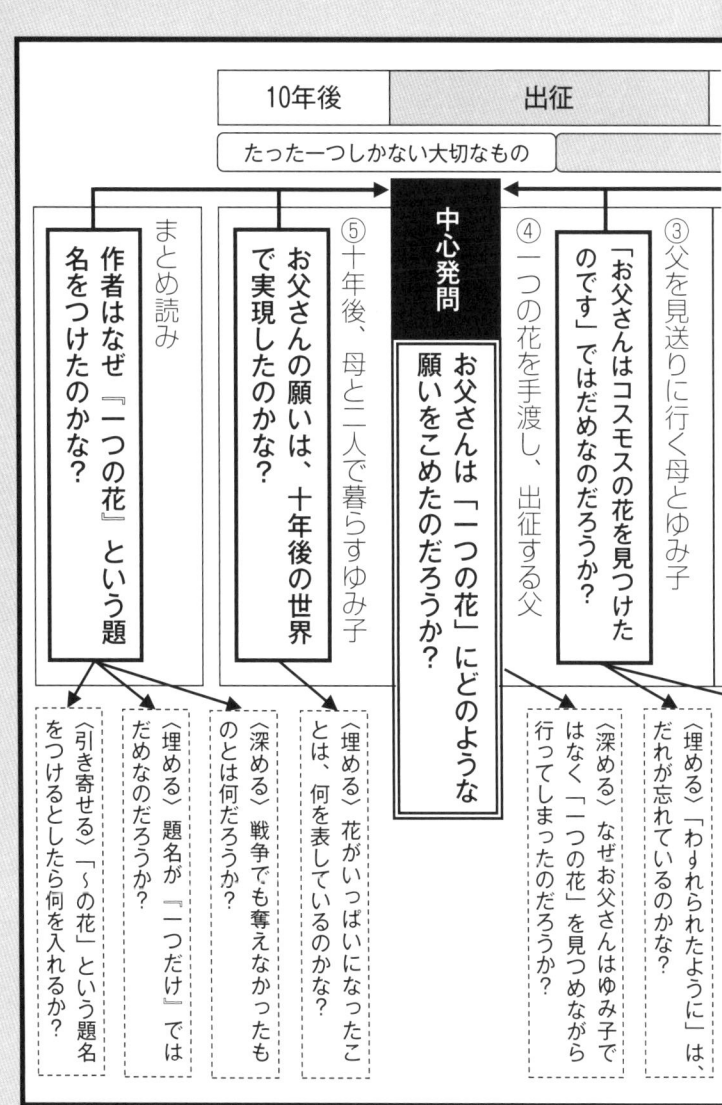

2　発問を位置づけた単元計画

●単元の中心発問
◎単元の中心発問につながる重要発問
○各場面を読むための発問
△子どもの反応に対する切り返し発問
・子どもの反応

次／時	子どもの学習活動	主な発問と反応
第一次 1時	1　『一つの花』という題名からどんなことが想像できるか話し合う。 2　全文を読んで、初発の感想を書く。 3　初発の感想を交流し、場面分けをする。 4　学習計画を立て、学習の見通しをもたせる。	○**『一つの花』という題名から、どんなことが想像できるかな？** ・「一つ」だけなので、さびしそうな感じがします。 ・なぜ一つなのか不思議に思います。 ・「花」が物語の中で大事になってくると思います。 △**「一つ」ってどんなイメージがあるかな？** ・少なくてなんか悲しいです。 ・たくさんに比べるとさびしいです。 ・かけがえのないという意味もあります。 ・大切な感じもします。

第二次
1時

1　第一場面においてかわいそうなのはゆみ子とお母さんのどちらなのかを考える、という課題をもつ。
2　どちらかを判断し、根拠となる箇所を抜き出させる。
3　全体で判断と根拠について話し合い、ゆみ子とお母さんの置かれている状況について理解する。
4　課題についての最終的な自分の考えをノートにまとめる。

○第一場面でかわいそうなのは、ゆみ子とお母さんのどちらだろう？
・ゆみ子だと思います。おなかいっぱい食べることができないからです。
・お母さんだと思います。ゆみ子はまだ小さく、物心がついていないからです。
・ゆみ子だと思います。「一つだけ」というかわいそうな言葉を覚えてしまったからです。
△「覚えてしまいました」ではなく「覚えてしまったのです」としているのはどういうことだろう？
・本当は覚えなくてもいい言葉を覚えてしまった悲しさが表れています。
・これから、ゆみ子の大変な生活が始まるということを表しています。
・やっぱりゆみ子の方がかわいそうです。お母さんは「一つだけ」とは言わないからです。
・私はお母さんだと思います。ゆみ子の「一つだけ」を聞かなくてはならないし、子どもに辛い思いをさせることは、親にとって一番辛いことだからです。

時	学習活動	発問・予想される反応
2時	1　お父さんがゆみ子をめちゃくちゃに高い高いをした行動の背景について考える、という課題をもつ。 2　課題についての自分の考えを書く。 3　全体で考えについて話し合い、お父さんの心情についての理解を深める。 4　お父さんは、どんな表情でゆみ子を高い高いしていたのかについて考える。 5　課題についての最終的な自分の考えをノートにまとめる。	○**お父さんはなぜ、ゆみ子をめちゃくちゃに高い高いするのだろう？** ・ゆみ子を思いっきり楽しませてあげたいからです。 ・ゆみ子が本当にかわいいからだと思います。 ・お父さんのどうしようもできない思いが表れているからです。 ・お腹いっぱいにさせてあげられなく、高い高いしかしてあげられないからです。 △**お父さんは、どんな表情でゆみ子を高い高いしていたのだろう？** ・笑顔だったと思います。ゆみ子に悲しい顔を見せるお父さんではないからです。 ・少し辛い顔をしていたと思います。「一つだけ」という口ぐせをかわいそうに思っていたからです。 ・泣きそうな顔だったかもしれません。お父さんは、ゆみ子の将来を心配していたからです。
3時	1　コスモスの描写に着目し、修飾をとった文と比較する、という課題をもつ。	◎**「お父さんはコスモスの花を見つけたのです」ではだめなのだろうか？** ・いいと思います。説明が長すぎるからです。

時	学習活動	予想される反応・発問
	2 課題についての自分の考えを書く。 3 全体で考えについて話し合い、コスモスについて詳しく説明を加えた意図を捉える。 4 コスモスの花の象徴性について考える。 5 課題についての最終的な自分の考えをノートにまとめる。	・だめだと思います。お父さんがゆみ子にあげた最後のプレゼントだからです。 ・だめだと思います。詳しく説明する必要があったからです。 ・コスモスはゆみ子の家族と同じだからです。 △**コスモスの花にはどんな意味があるのだろうか?** ・名前からして元は外国から来た花だと思います。外国と仲良くしてほしいとか…。 ・雑草ではないけれど、強く生きる花です。
4時	1 お父さんが「一つの花」に込めた願いについて考える、という課題をもつ。 2 課題についての自分の考えを書く。 3 全体で考えについて話し合い、クライマックス場面のお父さんの心情について理解を深める。 4 お父さんが別れの場面で、ゆみ子ではなく一つの花を見つめながら行った理由を考える。	●**お父さんは「一つの花」にどのような願いをこめたのだろうか?** ・一つしかないものを大切にして生きてほしい。 ・お花のように優しく笑顔で生きていってほしい。 ・コスモスの花のようにかわいらしく咲くような人生を歩んでほしい。 ・戦争の中でもしっかりと花を咲かすように、強く生きていてほしい。 △**なぜお父さんはゆみ子ではなく「一つの花」を見つめながら行ってしまったのだろうか?**

時	学習活動	児童の反応
	5　課題についての最終的な自分の考えをノートにまとめる。	・もう会えないかもしれないので、悲しくてゆみ子の顔を見られなかったからです。 ・ゆみ子の顔を見たかったけれど、見ると戦争に行く気持ちがなくなってしまうからです。 ・二度と会えないかもしれない決心をしたからです。
5時	1　お父さんの「一つの花」に込めた願いは実現したかについて考える、という課題をもつ。 2　課題についての自分の考えを書く。 3　戦時中と戦後の対比表現を抜き出す。 4　全体で考えについて話し合い、時代の変化やゆみ子とお母さんの置かれている状況について理解を深める。 5　コスモスに包まれて生活をしていることの意味について考える。 6　課題についての最終的な自分の考えをノートにまとめる。	◎**お父さんの願いは、十年後の世界で実現したのかな?** ・大きくなったゆみ子は「一つだけ」と言っていないので実現したと思います。 ・肉と魚を選べるようになっています。小さい頃よりも生活が豊かになっているので実現したと思います。 ・戦争中と比べて、とても平和な感じがします。平和を望むお父さんの願いは実現しました。 △**花がいっぱいになったことは、何を表しているのかな?** ・戦争が終わって、平和な時代が訪れたことを表しています。 ・ゆみ子とお母さんが、貧しくても幸せに暮らしていることを表しています。 ・ゆみ子とお母さんが、お父さんの言葉どおりに一つの花を大切にしてきたことを表しています。

第三次
1時

1 重要発問に対するこれまでの読みを基に、中心発問への自分なりの答えを書く、という課題をもつ。
2 物語の戦中・戦後の対比を再確認する。
3 題名が『一つだけ』ではどうなのかを考える。
4 課題に対する自分の考えをまとめる。

◎**作者はなぜ『一つの花』という題名をつけたのかな?**
・お父さんがゆみ子に渡した一輪のコスモスが、物語の中で大切だからです。
・「一つだけ」の意味が、お話の中で変わっているからだと思います。
・最後の場面で、一つだけだった花が、トンネルができるぐらいにたくさん増えているからです。
・作者は、戦争よりもお花のような存在を大切にして生きていきたいと思っているからです。
△**題名が『一つだけ』ではだめなのだろうか?**
・『一つだけ』でもよさそうだけど、ゆみ子の口ぐせのイメージが強いです。
・『一つだけ』ではだめだと思います。花に作者の伝えたい大切なメッセージがあるからです。戦争と反対の平和のような意味があると思います。
・『一つの花』は、いろいろなものを表していると思います。例えば、ゆみ子の家族や愛とかです。そのようなものを表すために『一つの花』が合っています。

3　授業展開例

①第二次3時の授業展開例

前時の学びを確認して、三場面を音読後、次のように促します。

T　お父さんは泣き出したゆみ子に何を渡しましたか？
C　一輪のコスモスです。
T　その一輪のコスモスは普通のコスモスですか？
C　「プラットフォームのはしっぽの、ごみすて場のような所」にありました。
C　「わすれられたように」咲いていました。

表現方法の特徴として、比喩が2つ使われていることを確認します。そして、次のように働きかけます。

T　でも、普通に咲いているコスモスだよね？　わざわざこんなに長く説明する必要があるのかな。比喩表現のところをとってみるとどうなる？
C　「お父さんはコスモスの花を見つけたのです」になります。
T　ああ、いいね。わかりやすいし、それで十分伝わるよね。そうでしょ？
C　うーん…
T　なんかみんなすっきりしていない感じだね。**「お父さんはコスモスの花を見つけたのです」ではだめなのだろうか？**

この発問によって、お父さんが見つけてきたコスモスについての詳細な説明に着目させます。個人の読書では素通りしてしまうかもしれない箇所に、授業だからこそ立ち止まらせることができます。自分の判断とその理由についてノートに書かせます。

頃合いを見て、全体の場での発表に移っていきます。

T　では、自分の考えを発表しましょう。まずは、短くしてもいいと思う人どうぞ。
C　いいと思います。説明が長過ぎるからです。
C　ぼくもいいと思います。ここにきてお話のスピードが遅くなった感じがします。
C　短くした文を読んでも意味が伝わるので、比喩はなくても大丈夫です。

はじめに、比喩表現がなくてもいいという考えを出させます。考えの理由は、積極的な内容になり得ません。次に、比喩表現がなければならないという考えを出させます。

C　だめだと思います。お父さんがゆみ子にあげた最後のプレゼントだからです。
C　最後のプレゼントだけど、あまりよいように書かれていないよ。
C　「わすれられたように」とか、むしろ悪く書いているよ。
T　「わすれられたように」は、だれが忘れているのかな?
C　戦時中の人々だと思います。
C　私も戦争に向かっている国民に忘れられていると思います。
C　コスモスのようなきれいでかわいい花のことも忘れてしまって戦争をしている。

T　なるほど、大切なことに気づいたかもしれないね。
切り返し発問によって、コスモスの修飾が他の意味も示していることに気づかせます。

C　短くするとだめだと思います。詳しく説明する必要があったからです。
T　なぜ詳しく説明しないといけないの？
C　このコスモスは特別だから、意味がある。
C　コスモスはゆみ子の家族と同じだからです。
C　「はしっぽ」「わすれられたように」は、ゆみ子たちの見送りに似ています。
C　他の人たちは、ばんざいとかしている。
C　ゆみ子のお父さんは、戦争をしたくないんだよ。
C　きれいな花のことを忘れてはいけないということかもしれない。

コスモスの修飾が、ゆみ子たち家族の状況を示していることに気づかせます。戦争という状態の中で、敢えて真逆の位置に存在する花をもってきた父の意図にも触れます。

②第二次4時の授業展開例

『一つの花』の特徴の1つとして、三人称客観視点で書かれている点があげられます。語り手が登場人物の心の中を語らないため、読みの判断の根拠が、描写ではなく想像になります。ただし、想像を語り合うことは、読みを深めるうえで大切な学習になります。そのことを子どもたちに伝えることも必要です。

前時で、一輪のコスモスは単なる花ではないことに何となく気づいた子どもたちに、本単元の中心発問を投げかけます。

T　**お父さんは「一つの花」にどのような願いをこめたのだろうか?**

課題に対する自分の考えをノートに書かせます。前述のように、根拠は想像になるため、正解は気にせず想像したことを素直に書くように促します。

C　お花のように優しく笑顔で生きていってほしいのだと思います。出征する悲しい場面なのに、優しくコスモスを渡したからです。

C　コスモスの花のようにかわいらしく咲くような人生を歩んでほしいのだと思います。

C　戦争の中でも、お花を大切にしてほしいというお父さんの思いが伝わってきます。

C　戦争の中でもしっかりと花を咲かす花のように、強く生きていてほしいと願っていると思います。コスモスは雑草じゃないけど強く生きる花です。コスモスに意味があると思うからです。

C　1つしかないものを大切にして生きてほしいのだと思います。「一つだけのお花、大事にするんだよう――」と言っているからです。

T　そういえば、ゆみ子も同じことを言っていたね。ゆみ子とお父さんの「一つだけ」は同じ意味なのかな？

クライマックス場面の読み取りでは、「一つだけ」の意味の変化に気づかせることが大切です。機を見て、意味の違いに焦点化する働きかけをします。

まずは、ゆみ子の「一つだけ」の意味について聞きます。

T　ゆみ子の「一つだけ」は、どんな意味で言っているのかな?
C　「一つだけほしい」という「一つだけ」です。
C　たくさんあるうちの「一つだけ」と言えば、もらえると思っています。
C　自分の食欲のため。
C　「本当はたくさんほしいけど、仕方ないから、せめて1つだけでも」という意味の「一つだけ」です。

次に、お父さんの「一つだけ」の意味について聞きます。

T　お父さんの「一つだけ」は、どんな意味で言っているのかな?
C　お父さんは「一つしかない」だと思います。
C　「大切な」という意味。
C　「貴重な」もあります。
C　「大事な」もいいです。
C　お父さんは「かけがえのない」という意味で使っている。

「一つの花」に込められたお父さんの願いを捉える段階になった子どもたちに、次の切り返し発問を投げかけます。

T　なぜお父さんはゆみ子ではなく「一つの花」を見つめながら行ってしまったのだろうか?
C　もう会えないかもしれないので、悲しくてゆみ子の顔を見られなかったからです。
C　ゆみ子の顔を見たかったけれど、見ると戦争に行く気持ちがなくなってしまうからです。
C　二度と会えないことの決心をしたからです。

ゆみ子やお母さんではなく、「一つの花」を見つめながら最後の別れをしたお父さんの心に寄り添うことによって、本時の一連の発問が紡いできたものが結実します。別れが辛すぎて家族を目に焼きつけておくような直視ができなかったとも捉えられるし、自分の代わりとなる「一つの花」に思いを託していたとも捉えられます。これらの読みを、子どもの言葉で語らせる時間にします。

③第二次5時の授業展開例

前時から、お父さんの「願い」をキーワードに読みを進めてきており、願いの具体について自分なりに捉えている状態です。十年後の場面においてお父さんが「一つの花」に込めた願いは実現したかという課題を捉えます。前時の学習を確認後、問いを投げかけます。

T　前の時間に考えた、**お父さんの願いは、十年後の世界で実現したのかな?**

課題に対する自分の考えをノートに書かせます。この発問に対する答えには、これまでの発問と比べて、根拠となる状況証拠があります。それらの状況証拠が、根拠に表れてくることが大切です。状況証拠を確認するために、この後、戦時中と戦後の対比表現を抜き出す学習活動を入れます。対比を板書に残しつつ、課題に対する考えを発言させます。

C　肉と魚を選べるようになっています。小さいころよりも生活が豊かになっているので実現したと思います。

C　私もそう思います。食べたいものを選べるって、戦争中と比べるとすごいことだと思います。
C　でも、お父さんは登場していないので実現していないと思う。
T　どういうこと？　だれかつけ足してごらん。
C　お父さんは戦争で死んだんです。死んだのに願いが実現したというのはおかしい。

このような「願い」の捉えの相違が出ればしめたものです。全体で話し合う価値が生まれます。

C　お父さんは二度と会えない覚悟をしたから、願いはゆみ子のことだと思う。
C　生きて帰って来たいけど、生きて帰ってくることよりもゆみ子の成長を願った。
C　ああ、そうか。
T　とても大切な確認ができたね。話し合う意味があったよ。続けてみようか。
C　大きくなったゆみ子は「一つだけ」と言っていないので、実現したと思います。
C　自分のことだけを考えていたゆみ子が、お母さんのことを考えています。人のことを

C　考えられるように成長したので、お父さんの願いは実現していると思う。
C　スキップをしながら買い物に行っています。戦争中と比べて、とても平和な感じがします。平和を望むお父さんの願いは実現しました。

お父さんの願いは実現したという方向に固まりつつあるときに、次の切り返し発問をします。

T　花がいっぱいになったことは、何を表しているのかな?
C　戦争が終わって、平和な時代が訪れたこと。
C　ゆみ子とお母さんが、貧しくても幸せに暮らしていること。
C　ゆみ子とお母さんが、お父さんの言葉どおりに「一つの花」を大切にしてきたこと。
C　ゆみ子がお父さんの愛情に見守られて大きくなったことを表しています。

お父さんの願いは、思いだけではなく、形となって表れていることを押さえて、授業を終えます。

第9章 ごんぎつね

嵐　直人

1　教材解釈と単元構想

①単元の中心発問につながる教材解釈

『ごんぎつね』は、番号で区切られた6つの章から成る作品です。この章をもって場面とするのではなく、物語の構造をしっかり捉えさせることで、場面として読ませたい作品です。物語冒頭には、この話が村の茂平というおじいさんから聞いた話と書いてあり、語り手が「わたし」であることがわかります。その後、1章では、「ひとりぼっち」「小ぎつね」「森の中に、あなをほってすんでいる」「いたずらばかりしている」というごんの人物設定が語られています。「子ぎつね」ではなく「小ぎつね」であることから、かわいらしい子どものきつねではないこと、いたずらの内容から、とんでもない悪さをしているきつねであることなどを落とさずに読む必要があります。

兵十は、そんなごんのことを「ぬすとぎつね」と呼んでいます。おそらく兵十は、これまでごんのいたずらに幾度となく苦しい思いをしてきたに違いありません。もしかすると、兵十以外にもごんのいたずらに苦しめられてきた人は多いのかもしれません。それぐらい、ごんは、「悪い」きつねなのです。

そのごんが変わるきっかけは、兵十の母の死にあります。自分が盗んだうなぎを食べたかったであろう兵十の母の気持ちを想像したごんは、自分の住むあなの中で後悔をします。

ごんの大きな変容をまとめると、次のようになります。

①最も大きく変わったことは何か。
↓「いたずらばかりしていたごんが」
②どうして変わったか。
↓「兵十の母の死をきっかけに」
③どのように変わったか。
↓「自分の行動を後悔して、兵十につぐないをするようになった」

「つぐない」という行為は、4年生の子どもたちに理解できないことも考えられます。そこで、語彙を含め、つぐないという行為の意味をしっかり押さえつつ、ごんの兵十へのつぐないという作品の構造を捉えさせなければなりません。そして、この作品の大きな特徴として、「後ばなし」がありません。つまり、ごんが兵十にうたれるというクライマックスで作品は終わりを迎えます。ばたりと銃を落とす兵十や、兵十の「(くりやまつたけをくれたのは)おまえだったのか」という問いかけにうなずくごん、そこを10歳の子どもたちがいかに想像するかが魅力の作品でもあります。

しかし、読み手である子どもたち一人ひとりの解釈で終えるには実にもったいない価値があります。この『ごんぎつね』は様々な出来事が展開します。その出来事の展開を叙述に沿ってしっかり確認する読みこそ中学年で大切にしたいものです。具体的には、ごんのつぐないの意味を捉えて解釈をつくっていく、叙述を基にした読みを行う必要があります。

以上のような教材解釈を踏まえて、この単元の中心発問を以下のように設定しました。

ごんの、兵十へのつぐないは成功したのかな?

②単元構想と発問

前述の中心発問を単元の最初に投げかけても、子どもはまだ浅い読みと不確定な根拠しかあげられません。そこで、はっきりした考えを導き出すために、まずそれぞれの場面を読み、いくつかの重要発問に対する考えを明らかにしなければならないことを確認します。

重要発問①

「ごんは、なぜつぐないをするようになったのかな？」

単元前半で、出来事のきっかけを大切にします。この作品の大きな出来事は、ごんが兵十につぐないをするということです。しかも、複数回に渡って行います。なぜごんがつぐないをするようになったのかを明確に捉えなければなりません。初読の段階で多くの子どもたちは、「ごんは、いたずらばかりする悪いきつね」と人物像を読み取ります。そのうえで、「悪いことをしたから、つぐないをするんだろう」とつなげて考えます。「つぐない」の意味をしっかり辞書で確認し、さらに、次のように問いかけます。

切り返し発問

「つぐなうってことは、ごんが反省したのはどんなことかな？」

ごんの反省は、自分のした兵十に対するいたずらではなく、それによって兵十がうなぎを母に食べさせてあげられなかったこと、母を亡くしてひとりぼっちになってしまった兵十への共感にあります。ごんのあなの中での会話や、兵十の生活ぶりに目を向けることで、子どもたちがここに気づくことを期待します。

重要発問②

「ごんは、なぜ兵十と加助のあとをつけて行ったのかな？」

単元の中盤では、ごんのつぐないの変容を読むことが大切です。自分のつぐないを兵十がどう思っているのか、加助との会話を興味深く聞こうとするごんの気持ちを想像させます。そして、ごんの人物像を捉え直すために、次のように問いかけます。

切り返し発問

「ぶらぶら遊びに出かけたごんの気持ちは？」

つぐないをしているにもかかわらず、やはりごんは遊びに出かけるのです。しかも、「ぶらぶら」出かけるのです。この行動の意味を子どもに考えさせ、つぐないを行いつつも、ごんが「悪い」きつねであることを捉え直すことを期待します。

重要発問③

「ごんは、神様のしわざだと思われたのに、なぜまたくりを持って行ったのかな?」

ごんのつぐないという行為は、単にくりやまつたけなどの「もの」を届けることだけではないのです。「ひとりぼっち」への共感や、繰り返しつぐなう中で、ごんの気持ちに変化が生まれてきていることをつかませるために、次のように問いかけます。

切り返し発問

「ごんは、神様のしわざだと思われて、納得しているのかな?」

これらの重要発問に対する子どもの読みが共有されたところで、単元はいよいよ終末です。中心発問に対するそれぞれの子どもの考えを出し合うことになります。

③発問で見る単元の見取図

一	二	三
●「時」「場所」「人物」を読む	●「人物関係」「変化」を読む	●「出来事」を読む
ごんは、どんなきつねなのかな？	ごんは、なぜ後悔したのかな？	ごんは、なぜつぐないをするようになったのかな？

兵十のごんに対する気持ちの変化は？

〈深める〉つぐなうってことは、ごんが反省したのはどんなことかな？

〈埋める〉兵十はどんな生活ぶりなのかな？

〈引き寄せる〉ごんと同じように、だれかにつぐなおうと思ったことが、自分にもあったかな？

凡例

- 中心発問につながる重要発問
- 各場面を読むための発問
- 切り返し発問

四	五	六
ごんの兵十に対する気持ちの変化は？		
●「出来事」を読む	●「出来事」を読む	●「人物関係」「変化」を読む
ごんは、なぜ兵十と加助のあとをつけて行ったのかな？	ごんは、神様のしわざだと思われたのに、なぜまたくりを持って行ったのかな？	中心発問 ごんの、兵十へのつぐないは成功したのかな？
〈深める〉ぶらぶら遊びに出かけたごんの気持ちは？	〈深める〉どうしてごんは、「引き合わない」と思ったのかな？	〈深める〉兵十にうたれて「おまえだったのか」と聞かれてうなずいたときのごんの気持ちは？
〈埋める〉兵十は、ごんのことをどう思っているのかな？	〈埋める〉ごんは、神様のしわざだと思われて、納得しているのかな？	
〈引き寄せる〉自分がごんなら、二人のあとをつけて行くかな？	〈引き寄せる〉自分がごんなら、またくりを持って行くかな？	

2 発問を位置づけた単元計画

●単元の中心発問
◎単元の中心発問につながる重要発問
○各場面を読むための発問
△子どもの反応に対する切り返し発問
・子どもの反応

次/時	子どもの学習活動	主な発問と反応
第一次 1時 2時	1 「時」「場」「人物」の学習用語を確認し、物語は「出来事」の展開の中で、主役の気持ちが変化することを確認する。 2 教師の範読を聞く。 3 ごんの変容について自分の考えを書き、友だちと意見を交流する。 4 単元の学習課題と計画を設定する。	**●ごんの、兵十へのつぐないは成功したのかな?** ・成功したと思うよ。だって、くりやまつたけをたくさん届けることができたんだから。 ・成功していないと思う。だって、最後、ごんは兵十にうたれちゃったんだから。でも、ごんは自分のつぐないに気づいてほしかったのかな? **△ごんは、兵十に何を気づいてほしかったのかな?** ・自分がつぐないでいろいろ届けてたことかな? ・いたずらして「ごめん」っていう気持ちかな?

3時	1 物語の構造と内容を出来事の展開に沿って捉える、という課題をもつ。 2 構造曲線をつくり展開を把握する。	○**この作品の構造は、どうなっているのかな？** ・いたずらばかりのごんが、兵十につぐないをする。 ・最後は兵十にうたれてしまう。 （教師とともに、構造曲線をつくる）
第二次 1時	1 ごんはどんなきつねなのかを読み取る、という課題をもつ。 2 各自で1章を音読し、ごんの人物像がわかる文を見つける。 3 全体で根拠となる文を出し合い、ごんの人物像を共有する。 4 読み取ったごんの人物像をノートにまとめる。	○**ごんは、どんなきつねなのかな？** ・山の中に穴を掘って住んでいて、ひとりぼっち。 ・夜でも、昼でも、いろいろないたずらをしている。 △**ごんは、人間に例えると何歳ぐらいかな？** ・いたずらをするなんて、子どもなんじゃない？ ・でも、「小ぎつね」だから、子どもじゃないよ。 ・「わし」って言ってるから、けっこう大人かな？
2時	1 ごんの大きな変容を読む、という課題をもつ。 2 「何が」「どうして」「どのように」変わったのかを意識して、各自で全文を黙読する。 3 全体で共有する。	○**ごんは変わったのかな？** ・物語は、主役の気持ちが変化するんだから、主役のごんの気持ちは変わったと思う。 ・「後ばなし」がないから、あんまりわからない。 △**「どうして」「どのように」変わったのかな？** ・「どうして」は、兵十の母さんが死んでしまったから。

	4　「何が」「どうして」「どのように」という形で、読み取ったことをノートにまとめる。	・「どのように」は、自分がしたいたずらを後悔して、反省したからかな？ ・反省したから、つぐないをしたんじゃないかな？
3時	1　前時までに読んだごんの後悔について詳しく読む、という課題をもつ。 2　各自で2、3章を黙読し、ごんの心情と行動を読む。 3　ごんの後悔について、全体で話し合い、共有する。 4　ごんの後悔について、読み取ったことをノートにまとめる。	**○ごんは、なぜ後悔したのかな？** ・軽い気持ちでやってしまったことが、兵十のお母さんへの思いを台なしにしてしまったから。 ・お母さんの死で、兵十の元気がない顔を見たから。 **△ごんは、今までは後悔したことなかったのかな？** ・たぶん。だって、ずっといたずらを続けてきたから。 ・そうだよ。後悔したんだったら、もういたずらなんかしないはずだから。
4時	1　前時に読んだごんの後悔について、なぜ、つぐないをするようになったのかを読む、という課題をもつ。 2　各自で2、3章を黙読し、兵十の状況について詳しく読む。 3　兵十の状況からごんのつぐないについて、全体で話し合い、共有する。	**◎ごんは、なぜつぐないをするようになったのかな？** ・悪いことをしたから、つぐなうのは当たり前だよ。 ・兵十が苦労してつかまえたうなぎを盗んだんだから、ちゃんと「もの」で返さなきゃと思ったのかな？ ・反省したんだよ。 **△つぐなうってことは、ごんが反省したのはどんなことかな？**

	4　ごんのつぐないの理由について、読み取ったことをノートにまとめる。	・自分がしてきたいたずらのことかな？ ・いや、それで兵十がお母さんにうなぎを食べさせてあげられなかったことじゃないかな。 ・それに、ひとりぼっちの兵十を見て、自分と同じだってかわいそうに思ったんじゃないかな？
5時	1　ごんが兵十と加助の話に興味をもって二人のあとをつけたことの意味を読む、という課題をもつ。 2　各自で4、5章を黙読し、二人の会話のどこにごんは気になったのかを考える。 3　ごんの気持ちの変化について、全体で話し合い、共有する。 4　ごんの行動について、読み取ったことをノートにまとめる。	**◎ごんは、なぜ兵十と加助のあとをつけて行ったのかな？** ・自分のことを話していると思ったから？ ・兵十が自分のつぐないを喜んでくれていたらいいなと思ったからかな？ ・兵十のことが気になって仕方ないからだよ。 **△ぶらぶら遊びに出かけたごんの気持ちは？** ・「ぶらぶら」だから、目的もなく、何となく。 ・またチャンスがあったらいたずらしようとして。 ・ということは、ごんの気持ちは変わっていない？
6時	1　ごんがつぐないを続けた意味を読む、という課題をもつ。 2　各自で6章を音読する。	**◎ごんは、神様のしわざだと思われたのに、なぜまたくりを持って行ったのかな？** ・兵十に、自分だと気づいてほしかったから。

	3 ごんがつぐないを続けたことについて、全体で話し合い、共有する。 4 ごんの行動と、気持ちの変化について、読み取ったことをノートにまとめる。	・自分と気づいてもらうまで続けようと思ったのかな? ・「引き合わない」って言ってるしね。 **△ごんは、神様のしわざだと思われて、納得しているのかな?** ・いや、納得していない。 ・今までは家の中に入らなかったのに、はじめて入った。 ・兵十に見つかりたかったのかも?
7時	1 最後の場面、兵十にうたれたごんの気持ちを読む、という課題をもつ。 2 各自で6章を黙読し、兵十に問いかけられてうなずくごんの気持ちを想像する。うなずいて一言言ったとすると何と言ったか、ノートに書く。 3 想像したことやごんの一言について発表し合い、全体で共有する。 4 最後の場面でのごんの気持ちについて、読み取ったこと、想像したことをノートにまとめる。	**△兵十にうたれて「お前だったのか」と聞かれてうなずいたときのごんの気持ちは?** ・気づいてもらえてよかった。だから、「気づいてくれて、ありがとう」って、言ったかも。 ・つぐないをすることができてよかった。「兵十、今までごめんね」。 ・ひとりぼっちの兵十に、自分のしたことを気づいてもらえた。だから、うれしかったんじゃないかな。「兵十、わしのこと忘れないでね」って、言ったかも。

第三次 1時	
1 重要発問に対するこれまでの読みを基に、中心発問への自分なりの考えを書く、という課題をもつ。 2 毎時間の最後にノートに書いてきたことを見返し、中心発問に対する考えに役立つ部分を抜き出す。 3 ノートにまとめた自分なりの中心発問に対する考えを、友だちと交流する。 4 単元の学びを振り返り、これからの読みに生かせそうなことをまとめる。	**●単元の最初にした質問をもう一度します。ごんの、兵十へのつぐないは成功したのかな？** ・成功したと思う。兵十は痛い目にもあってしまったけど、ごんのつぐないでたくさんの食べ物を得ることができたんだから。貧しい暮らしの兵十にはよかったと思うから、ごんのしたことは成功したよ。 ・最後は兵十にうたれてしまって悲しい感じもするけど、ごんがしたつぐないは兵十に伝わっていると思う。だから成功したよ、きっと。兵十がじゅうを「ばたり」と落としたところからも、兵十のごんへの気持ちがわかる。 **○単元の最初に書いた考えと、どこが、どのように変わりましたか？** ・最初は「もの」を届け続けることが成功だと思っていたけど、続ける中で生まれてきたごんの気持ちの変化がよくわかりました。きっと、ごんもひとりぼっちでさみしかったんだと思います。 ・つぐないって、気持ちが伝わることも大切なんだと思いました。だからこそ、最後はうたれたごんも、うってしまった兵十も、切ないなと思いました。

3　授業展開例

①第二次4時の授業展開例

前時に読んだ「ごんの後悔」について、後悔したからつぐないをしたという流れを確認します。「つぐない」の意味を辞書で調べて押さえたうえで、授業を展開します。つまり、後悔しただけでは、つぐないという行為につながるとは言えない、でも、ごんはつぐないをしたという子どもの思考を生みます。そのうえで次の重要発問を投げかけます。

T　**ごんは、なぜつぐないをするようになったのかな?**

C　悪いことをしたんだから、つぐなうのは当たり前のことだよ。

C　反省したんだよ。後悔したから、反省した。

C　兵十が苦労してつかまえたうなぎを盗んだんだから、ちゃんと「もの」で返さなきゃと思ったのかな？

ごんの目線で読んでいる子どもたちですから、当然、ごん「は」や、ごん「が」で考えをつくります。しかし、つぐなうということは、相手がいるということを意識させ、相手の状況を考えさせます。そこで、ごんがつぐなう相手である兵十に目を向けて作品を読むことを促すために、次の切り返し発問を投げかけます。

T　みんな、ごんのことをよく考えているけど、兵十はどんな生活ぶりなのかな？
C　お葬式のときは、お母さんが死んでしまって、しおれた顔をしていたよ。
C　今まで、お母さんと二人きりで貧しいくらしをしていたんだ。
C　米じゃなくて、麦を食べていたんだもんね。
C　そういえば、いわしを盗んだと勘違いされて、いわし屋に殴られたよね？　ということは、まわりの人にも兵十の貧しいくらしぶりは知られていたのかもね。
C　お母さんが死んでしまって、ひとりぼっちの兵十。かわいそうだなぁ…。

3章の前半に描かれる兵十の状況をよく読み、子どもたちは兵十のさみしさ、悲しさ、貧しさに共感し始めます。

と同時に、こういった意見も出ます。

C　兵十のこの様子って、ごんも見てるんだよね？

C　うん。ということはさ、ごんも兵十のことをかわいそうと思ったに違いないよ。

C　「おれと同じ、ひとりぼっちの…」って書いてあるから、ごんは自分のこともひとりぼっちだって思っているんだね。

兵十の状況、そして、ごんの兵十への気持ちがぼんやり見えてきたところで、次の切り返し発問を子どもに投げかけます。

T　ところで、ごんが反省したからつぐなったって言ってたけど、つぐなうってことは、ごんが反省したのはどんなことかな？

C　自分がしてきたいたずらに対する反省？

C　もちろんそれもあるけど、つぐなう相手のこと、つまり、兵十のことを考えてつぐないをするようになったんじゃないかな。

C　そうだよ。かわいそうな兵十、自分と同じようなひとりぼっちの兵十。そんな兵十のことを考えてつぐないを始めたんだよ。

T　ごんと同じように、だれかにつぐなおうと思ったことが、自分にもあったかな?

C　いやぁ…、なかなかここまでのつぐないはないよ。

C　そうだよね。でもさ、ごんのつぐないは何回もあるんだよね。しかも、いつも兵十に見つからないようにしている。ごんの行動をもっと読んでいけば、つぐないが成功だったかどうか考えられそうだね。

このように、中心発問につながるような思考でこの時間は終わります。「つぐない」というキーワードで出来事を読んでいくことで、作品を深く読むことができるようになります。子どもたちは、ごんの行動をもっと詳しく読んでいこうという姿になってきました。

②第二次5時の授業展開例

前時終末の段階で、子どもたちは、ごんの行動をもっと詳しく読んでいこうという意識になっています。ごんの行動は、ごんの気持ちを直接表していることが多いのですが、4章に描かれる出来事には、ごんの気持ちが直接描かれていません。兵十と加助の会話をこっそり聞くのです。そこで、子どもたちに次のような重要発問を投げかけます。

T　前回の授業で、みんなは兵十の行動をもっと詳しく読むといいねってなったよね。4章でごんは、妙な行動をしてるね。**ごんは、なぜ兵十と加助のあとをつけて行ったのかな?**

C　自分のことを話しているんじゃないかって気になったからだと思います。

C　そうそう。きっと、兵十が自分のつぐないに気づいていて、そのことがうれしくて加助に話すんじゃないかと期待してあとをつけたんだよ。

C　ごんは、やっぱり兵十のことが気になって仕方ないんだ。

T　前の時間にみんなで読んだように、ごんは兵十の苦しい生活やひとりぼっちのさみしさに共感したんでしたね。みんなは、自分がごんなら、二人のあとをつけて行くかな？

C　うん、何を話すか気になってついて行く。

C　もしかしたら、ごんは兵十のことが気になって気になって仕方なくて、兵十のことをいつも追っかけていたかもしれないね。

ごんは兵十のことを追っかけていた。実は、これは誤読です。4章冒頭の一文にその根拠があります。そこで、次のような切り返し発問を子どもたちに投げかけます。

T　なるほど、ごんは兵十のことが気になって仕方ないんだね。でもね、ごんは「ぶらぶら遊びに出かけた」って書いてあるんだ。ぶらぶら遊びに出かけたごんの気持ちは？

C　遊びに出かけたってことは、兵十を追っかけていたとは限らないし、もしかしたら、違うことをしようとしていたのかもしれないね。

C　またチャンスがあったらいたずらしようとしてたりして…？

C　それに、「ぶらぶら」だから、目的もなく、何となく。

C　えっ、ちょっと待って。ということはさ、ごんは反省していないってこと…？　つぐなっているのに、またいたずらしようとしているってこと…？

ここで子どもたちに迷いが生じます。後悔して反省したからつぐなっている、というごんの気持ちと行動にズレが生まれました。そこで、5章をみんなで音読することで、ごんの人物像を捉え直すことをねらいます。

T　読んでみてどうだったかな？　ごんは、何を気にして二人のあとをつけていたのかな？

C　ごんは、やっぱり自分がしていることを兵十に気づいてほしかったんだと思います。自分がいろいろなものを届けていることを。

C　それってさ、ごんは本当に反省しているのかな？　だって、もし反省しているんだったら、ものを届けているのが自分だって気づかれなくてもいいわけでしょ？

C　確かに。ということは、ごんは本当の意味で反省していない？

T　想像ではなく、そのことがわかる文はありますか？

C「へえ、こいつはつまらないな」
C「そのおれには…引き合わないなあ」

この叙述に、ごんの「悪い」部分を読むことができます。しかし、次のようなことを言ってくる子もいるでしょう。

C じゃあ、普通ならこれでつぐないをやめるよね？　でも、ごんは、まだつぐないを続けるよ。どういうことだろう…？

中心発問につながる思考をさらに深めてこの時間を終えます。ごんのつぐないは、形としてははっきり見えて、この後も続くのです。部分だけでなく、作品全体を読めるようになってきている子どもたちは、最終の6章の出来事をしっかり意識して「つぐない」の意味を考えていきます。

③第二次6時の授業展開例

前時終末の段階で、子どもたちはごんの気持ちと行動にズレがあるのではないかと考え始めています。これまでの読みをまとめると、ものを届けているのが神様だと思っている兵十に対し、ごんはつぐないをやめてもおかしくないのではないかという読みです。そこで、いよいよクライマックス場面である6章の読みに入ります。一斉音読の後、子どもたちに次のような重要発問を投げかけます。

T　自分がしているのに兵十に気づいてもらえず、「つまらない」「引き合わない」とごんは思っています。では、**ごんは、神様のしわざだと思われたのに、なぜまたくりを持って行ったのかな?**

C　兵十に、自分だと気づいてほしかったからだと思います。

C　自分と気づいてもらうまで続けようと思ったのかな?

C　「引き合わない」って言ってるしね。きっとそうかもしれないね。

C　でもさ、ごんのつぐないの理由って、「もの」を届けたいだけなんだっけ?

ここで、ごんのつぐないの理由に立ち返る発言が出ました。ごんのつぐないの理由は2つあり、1つは兵十の貧しいくらしをかわいそうに思って、くりやまつたけなどの「もの」を届けたいという思いです。そして、もう1つは、自分と同じ「ひとりぼっち」という状況の兵十を思う気持ちです。2つ目の理由について子どもたちの意識が薄れているので、次のような切り返し発問を投げかけます。

T　ごんは、神様のしわざだと思われて納得しているのかな?
C　いや、納得していない。
C　やっぱり、自分だって気づいてほしいんだよ。だから、今までは家の中に入らなかったのに、最後は家の中にはじめて入ったもん。
C　兵十に見つかりたかったのかも。だって、そうすれば、自分だって気づいてもらえるから。
C　でもさ、気づいたら、兵十はどうするかな。実際、ごんのことをうっているわけだし。
C　そう、ごんはうたれちゃったよね…。
C　結果的に、気づいてはもらえたよね。でも、悲しすぎる…。

C　ごんのつぐないに気づいてあげられなかった兵十が悪いわけでもないんだけど、やっぱり神様のしわざだって思われてちゃ、ごんも納得いかないよね。だから、ここまで危険を冒してでも兵十に近づいたんだよ。

C　ごんの、「兵十、お前はひとりぼっちじゃないよ！」っていうメッセージだったのかもしれないね。命をかけてのメッセージ。

子どもたちは、ごんの命をかけた行動に共感し始めます。しかし、悲劇は起きるのです。ごんは兵十にうたれてしまいます。最後の場面でごんが死んだかどうかははっきり描かれていません。しかし、多くの子ども（読み手）は、ごんの死を感じることでしょう。

そして、もう1つ。「ごん、おまえだったのか」という兵十の問いかけに、ぐったりと目をつぶったままうなずくごん。ここも想像力豊かに読ませたいところです。次時、うなずくごんの気持ちを想像して出来事を読む学習を終えます。

ここまで読んできたことで、中心発問にもう一度向き合う準備ができました。

第10章 大造じいさんとがん

弥延浩史

1　教材解釈と単元構想

①単元の中心発問につながる教材解釈

物語の中には、すべての小学校国語教科書（令和2年度版）に掲載されている作品がいくつかあります。その中の1つが『大造じいさんとがん』です。前書きがあるもの、常体で書かれているもの、敬体で書かれているものと様々ですが、すべての教科書で採用されているのは、それだけ優れた作品であり、読む人を惹きつけてやまないからでしょう。

物語の多くは、最初と最後で、何かが大きく変わります。それは、中心人物の心情であったり、取り巻く環境であったりします。本作も、中心人物の心情の変容がはっきりと書かれていると言えます。

なぜなら、大造じいさんの残雪に対する見方が、「いまいましく思っていた」「たかが鳥」から、「がんの英ゆう」「えらぶつ」へと変わるからです。これほどまでに大きく変わっているので、初読の段階でも変容を捉えることはできるかもしれません。ただし、これは、「最も大きく変わったことは何か」「どのように変わったのか」という段階です。変容を捉える際には、「どうして変わったのか」というところも重要になります。つまり変容のきっかけを捉える必要が出てくるのです。

これらのことを、次のようにまとめました。

①最も大きく変わったことは何か。
↓「最初は残雪をいまいましいと思っていた大造じいさんが」
②どうして変わったのか。
↓「最期のときを感じても頭領らしい堂々たる態度をとる残雪の姿に心を打たれ」
③どのように変わったのか。
↓「残雪を『がんの英ゆう』として認めるようになった」

ここでは、大造じいさんが「どうして変わったのか」というところを、②のようにしました。本作では、どうして変わったのかというところで、仲間のがん（大造じいさんがおとりに使ったがん）を助けるためにはやぶさに立ち向かった残雪の姿を見て、大造じいさんの残雪に対する思いが変わったと読む子どもたちがいます。

確かに、この部分も大造じいさんの変容とつながりがあります。しかし、ここに決めてしまうのは拙速です。なぜなら、作中では、「が、何と思ったか、…仲間のすがたがあるだけでした」となっているからです。ここには、大造じいさんの心情が直接書かれていません。「が、何と思ったか」という表現も同様です。この後、大造じいさんと残雪が対峙したところで、「大造じいさんは、強く心を打たれて…」とあります。ここで、直接心情が書かれています。よって、どうして変わったのかというところは、ここから判断することができます。

以上のような点に鑑み、中心発問を次のように設定しました。

どうして大造じいさんは残雪をうたなかったのだろう？

②単元構想と発問

前述の中心発問を単元の最初に投げかけると、子どもからは複数の答えが出てくるでしょう。しかし、それはまだ読みが浅い段階でのものです。だからこそ、しっかりと読み深めていくことが大切であるということを確認します。そして、次にあげた重要発問を基に単元を展開していきます。

重要発問①

「大造じいさんと残雪との戦いは、何回目になりますか？」

この発問に対する答えは、「何回目かはわからないけれど、ずっと前から残雪と戦っている」といった感じになるでしょうか。そして、前ばなし部分に書かれている大造じいさんの人物設定を読むことにつながっていきます。残雪のせいで1匹のがんも捕れなくなり、残雪のことをいまいましく思っているということが読み取れます。

切り返し発問

「大造じいさんは、狩りが苦手なのでしょうか？」

大造じいさんは、残雪が来てから、がんを1羽も捕ることができていません。しかし、知恵を働かせ、作戦を立てる姿があります。また、翌年、その翌年と、がんを捕るために、大造じいさんは様々な作戦を立てます。この発問から、そうした大造じいさんの姿に気づき、人物設定を捉えることにつなげます。

重要発問②

「今回の作戦に臨む、大造じいさんの気持ちがわかるところはどこですか？」

単元の中盤では、うなぎばりを使った作戦と、たにしをばらまいた作戦で、残雪に対する大造じいさんの見方が変わってきていることを押さえておきます。そして、おとりのがんを使った作戦（今回の作戦）に臨む大造じいさんの気持ちを捉えさせます。大造じいさんが知恵を働かせることに変わりはありませんが、残雪と対峙するときの描写、残雪に対する見方が最後に大きく変わります。つまり、ここがクライマックス場面であることを捉え、クライマックスの一文はどこか検討することにつながっていきます。

重要発問③

「大造じいさんの思う『堂々と戦う』とは、どういうことでしょうか?」

大造じいさんは、最後、残雪に対して「堂々と戦おうじゃあないか」と声をかけます。堂々と戦うということは、「罠などしかけずに」とか「真っ向から」という戦い方に目が向くことがあります。そこで、次のように切り返します。

切り返し発問

「これまでの大造じいさんのやり方は、ひきょうなやり方なのかな?」

このように問うことで、大造じいさんの知恵を働かせた戦い方そのものに目を向けさせます。そうすると、すべての作戦は残雪との知恵比べであることが見えてきます。大造じいさんの言う「ひきょうなやり方」というのは、はやぶさと戦っているときに不意打ちでうち落とすようなやり方で、「堂々と戦う」とは、いろいろな知恵を絞って最大限の力で勝負することなのでしょう。こうした問いが、「どうして大造じいさんは残雪をうたなかったのか」という中心発問の部分ともつながっていきます。

③発問で見る単元の見取図

前ばなし	出来事の展開

「３つの作戦」と「残雪に対する気持ち」

①今年もやってきた残雪

大造じいさんと残雪との戦いは、何回目になりますか？

- 大造じいさんは、狩りが苦手なのでしょうか？
- 大造じいさんはどんな人物だと言えますか？

②うなぎばり作戦

作戦の前と後で、大造じいさんの気持ちはどう変わっていますか？

③たにしばらまき作戦

前回の作戦とどんなところが違いますか？

- 大造じいさんの気持ちは、どちらの作戦が強いですか？
- 「あかつきの光」と感じているのはだれですか？

凡例

- **中心発問につながる重要発問**
- 各場面を読むための発問
- 切り返し発問

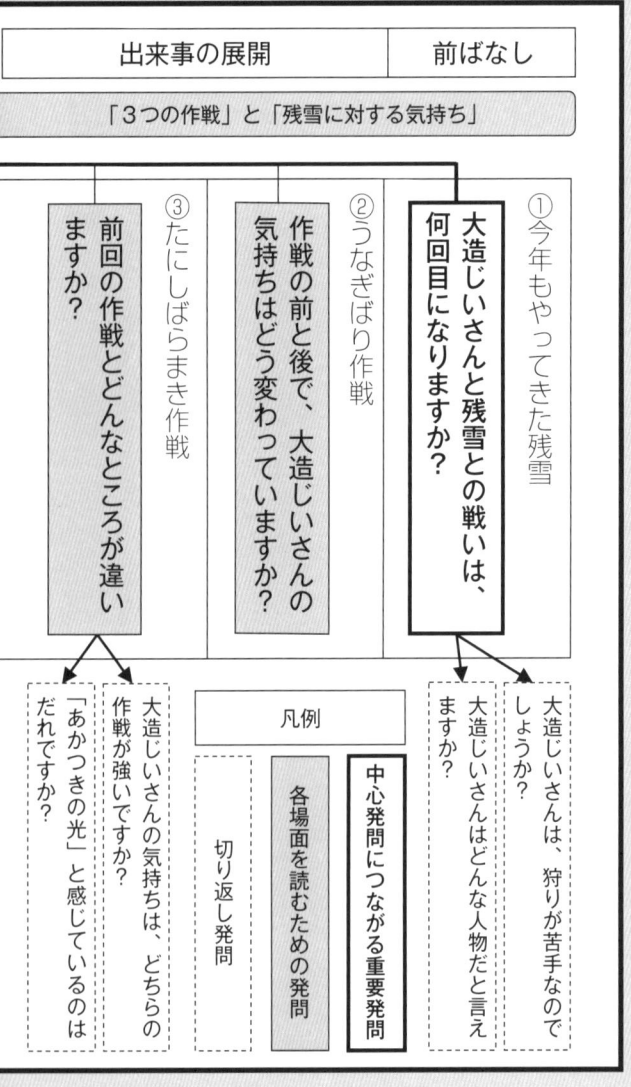

後ばなし	クライマックス・山場

残雪に対する気持ちの変容とその後

④おとりのがん作戦

今回の作戦に臨む、大造じいさんの気持ちがわかるところはどこですか？

これだけ大造じいさんの気持ちが強まっているのはどうしてだろう？

大造じいさんが捕まえたいのは残雪でいいですか？

中心発問

どうして大造じいさんは残雪をうたなかったのだろう？

大造じいさんの気持ちが最も大きく変わったことを表す一文はどこでしょう？

クライマックスの一文には、どんなきまりがありましたか？

⑤残雪を見送る大造じいさん

大造じいさんの思う「堂々と戦う」とは、どういうことでしょうか？

これまでの大造じいさんのやり方は、ひきょうなやり方なのかな？

次の年、大造じいさんはどんなふうに残雪と勝負したいのかな？

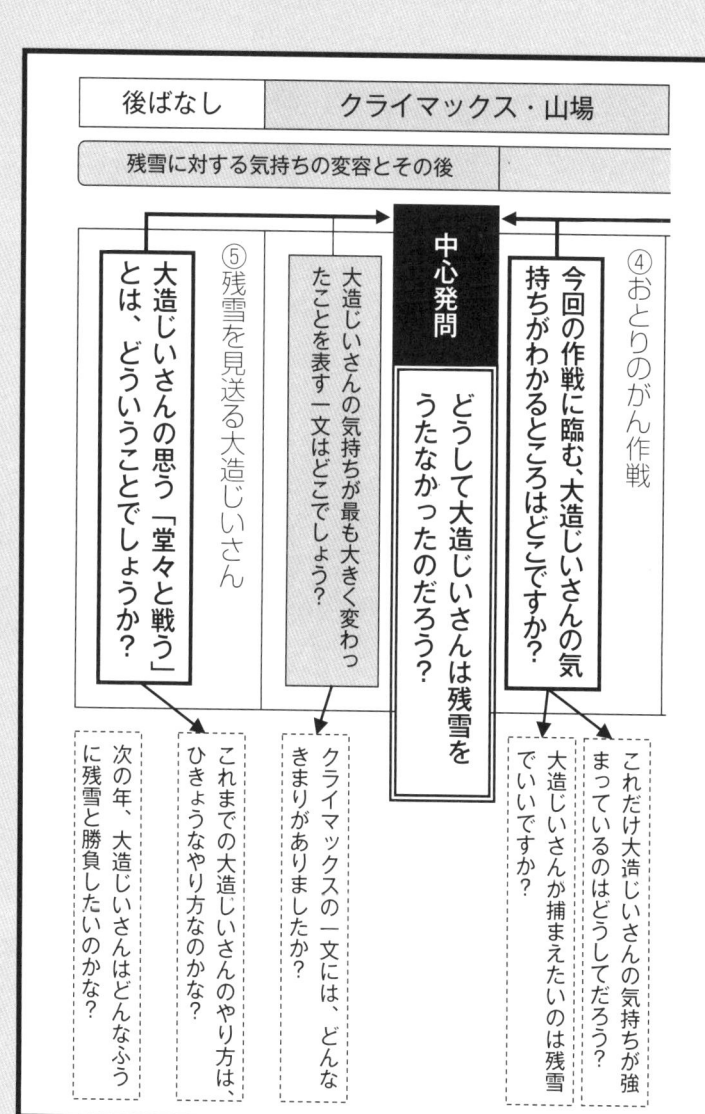

2 発問を位置づけた単元計画

●単元の中心発問
◎単元の中心発問につながる重要発問
○各場面を読むための発問
△子どもの反応に対する切り返し発問
・子どもの反応

次／時	子どもの学習活動	主な発問と反応
第一次 1時～2時	1 これまでに読んだ教材を基に、前ばなしと後ばなしにおける、中心人物の変容について確認する。 2 ペアや全体で音読をして、場面分けの確認をする。 ※場面分けは後述 3 大造じいさんの変容について自分の考えを書き、意見交流をする。 4 単元の学習課題と計画を設定する。 「大造じいさんの人物像をまとめて、紹介しよう」	**●どうして大造じいさんは残雪をうたなかったのだろう?** ・残雪がおとりのがんを助ける姿に感動したから。 ・頭領らしい堂々とした態度だったから。 ・頭領としての威厳を傷つけまいと努力しているような姿に強く心を打たれたから。 **△大造じいさんの残雪に対する気持ちは最初からずっと同じですか?** ・最初は、いまいましいと思っている。 ・途中で気持ちが変わっているね。 **・大造じいさんの気持ちをまとめていくことで、その人物像に迫っていけそうですね。**

第二次 1時～2時	1 うなぎばりの作戦について、大造じいさんの気持ちの動きを読み取る、という課題をもつ。 2 作戦の内容や残雪たちの行動を押さえ、大造じいさんの気持ちが読み取れるところを見つけ、話し合う。 3 「作戦の内容」「残雪たちの行動」「大造じいさんの気持ち」について読み取ったことをノートにまとめる。 4 作戦の前と後で、大造じいさんの残雪に対する見方の変化について話し合う。	◎**大造じいさんと残雪との戦いは、何回目になりますか？** ・「今年こそは」と言っているからはじめてではない。 ・「いつごろからか」ということは、毎年のようにがんを捕らえようとしている。 △**大造じいさんは、狩りが苦手なのでしょうか？** ・がんの頭領の残雪が賢い。だから、苦手ではない。 ・一晩中かけて作戦を立てているくらいだから、苦手だとは思えない。 △**大造じいさんはどんな人物だと言えますか？** ・あきらめないし、頭がいい。 ・工夫をしていてすごい。 ○**作戦の前と後で、大造じいさんの気持ちはどう変わっていますか？**
3時	1 たにしばらまき作戦について、大造じいさんの気持ちの動きを読み取る、という課題をもつ。 2 作戦の内容や残雪たちの行動を押さえ、大造じいさんの気持ちが読み取れるところを見つけ、話し合う。	○**前回の作戦とどんなところが違いますか？** ・夏のうちから心がけて、たにしを集めている。 （五俵という量をつかませる） ・たにしをばらまいても、すぐにがんを捕まえようとしていない。 △**大造じいさんの気持ちは、どちらの作戦が強いですか？**

	3 「作戦の内容」「残雪たちの行動」「大造じいさんの気持ち」について読み取ったことをノートにまとめる。 4 情景描写の効果について話し合う。	・会心のえみということは自信がある。 ・ほおがびりびりするほど引きしまるということは、より気持ちが強いということ。 △**「あかつきの光」と感じているのはだれですか？** ・**「朝が来ました」との違いを考えましょう。** （視点人物の確認、情景描写の効果を押さえる）
4時	1 おとりのがん作戦について、大造じいさんの気持ちの動きを読み取る、という課題をもつ。 2 作戦の内容や残雪たちの行動を押さえ、大造じいさんの気持ちが読み取れるところを見つけ、話し合う。 3 「作戦の内容」「残雪たちの行動」「大造じいさんの気持ち」について読み取ったことをノートにまとめる。 4 前の場面と比べて、どんな情景描写があったか確認し、その効果について捉える。	◎**今回の作戦に臨む、大造じいさんの気持ちがわかるところはどこですか？** ・おとりのがんを手に入れたときから考えていたことを作戦にしている。 ・今年はうまくいくと思ってにっこりしている。 ・東の空が真っ赤に燃えて…というのは、大造じいさんの心を表しているね。 △**これだけ大造じいさんの気持ちが強まっているのはどうしてだろう？** ・今年こそは残雪との戦いに勝ちたいと思っている。 ・残雪が来るようになってから、がんを捕えられなくなっているから、何としても残雪に勝ちたい。

	（大造じいさんの本来の目的が、子どもの中で薄れてくるころなので、下のように確認しておく）	△**大造じいさんが捕まえたいのは残雪でいいですか？** ・残雪と戦って捕まえようとしているんだっけ？ ・残雪ではないよ。がんを捕らえようとしている。
5時	1　最も気持ちが変わったところがどこか、自分の考えをもつ。 2　クライマックスの一文の決め方について確認する。 ○中心人物が最も変わるところ ○一文であること ○会話文か描写の文であること 3　確認したことを基に、クライマックスの一文を再検討する。 4　クライマックスの一文がどこかについて話し合う。	○**大造じいさんの気持ちが最も大きく変わったことを表す一文はどこでしょう？** ・「が、何と思ったか、…」 ・「残雪の目には、…」 ・「大造じいさんは、強く心を打たれて、…」 △**クライマックスの一文には、どんなきまりがありましたか？** ・中心人物が最も変わるところ。 ・一文であること。 ・会話文か、描写の文。説明している文ではない。 ↓ ・そうなると、「残雪の目には、…」では、視点が残雪だから違うね。 ・「が、なんと思ったか、…」も、はっきり心が書いていない。

時	学習活動	発問・予想される反応
6時	1 最後の場面の大造じいさんの言葉や行動から、大造じいさんが考える「堂々と戦う」とはどういうことかをまとめる。 2 まとめたことについて全体で話し合う。 3 自分の考えと比較し、感じたことなどを中心にノートにまとめる。	**◎大造じいさんの思う「堂々と戦う」とは、どういうことでしょうか？** ・ズルやひきょうなことをしないということ。 ・罠とかをしかけないことかな？ **△これまでの大造じいさんのやり方は、ひきょうなやり方なのかな？** ・おとりを使うのはひきょうなのかもしれない。 ・でも、それも大造じいさんの作戦だよ。 ・知恵を使うというのはいいのではないかな。
第三次 1時〜2時	1 中心発問について考えをまとめ、ペアや全体で伝え合う。 2 大造じいさんは、次の年、どんなふうに残雪と勝負したいと思っているか考えをまとめ、ペアや全体で伝え合う。 3 大造じいさんの人物像をまとめたり、主題について考えたりする。 4 まとめたものを交流し、単元の学習を振り返る。	**●単元の最初にした質問をもう一度します。どうして大造じいさんは残雪をうたなかったのだろう？** ・残雪が頭領として威厳を保とうとしている姿に強く心を打たれたから。 ・最期のときを感じてもじたばたしなかったからね。 **△次の年、大造じいさんはどんなふうに残雪と勝負したいのかな？** ・これまで以上に、知恵を働かせたいと考えているんじゃないかな。 ・最高の作戦を使って残雪と勝負したいと思っている。

【大造じいさんとがんの場面分けについて】

『大造じいさんとがん』は、教科書に一から四までの番号がつけられているものがあります。これは、一年目、二年目、三年目、四年目（ひと冬越して）という年月にあてはまります。しかし、これをそのまま一場面から四場面として扱うよりは、章立てのイメージで捉えた方がよいでしょう。他にも、時を表す言葉が多く出てくるので、それを基にして場面を考えていきます。

そうすると、この物語は大きく8つの場面に分けることができると考えられます。

それぞれの場面の冒頭は以下のようになります。

一場面	今年も、残雪は、…	一
二場面	そこで、残雪がやってきたと知ると、…	一
三場面	その翌日、昨日と同じころに、…	一
四場面	その翌年も、残雪は大群を率いて…	二
五場面	あかつきの光が、小屋の中に、…	二
六場面	今年もまた、ぼつぼつ、…	三
七場面	「さあ、いよいよ、戦闘開始だ。」…	三
八場面	残雪は、大造じいさんのおりの中で…	四

3　授業展開例

①第二次1～2時の授業展開例

前時までで、登場人物の確認や、人物に変容があることを押さえておきます。本作に登場する残雪は、人物ではありません。残雪の行動が人間のように思えてきて、登場人物に数えてしまいがちですが、あくまで大造じいさんの変容にかかわる存在ということにとどめます。そのことは、会話文や直接的な心情描写がないことからもわかります。残雪に視点が移るところもありますが、あくまで作品の効果の1つであると言えます。その点を押さえておきましょう。

前時の最後に、大造じいさんの変容や人物像をまとめていくことを確認しました。そのことを押さえたうえで、重要発問をします。

T　**大造じいさんと残雪との戦いは、何回目になりますか？**
C　何回目だろう。たくさんかな？
T　えっ、1回目ではないの？
C　「今年も」ってあるから違うよ。
C　残雪が来るようになってから、一羽のがんも捕れなくなっている。
T　一羽も捕れないなんて、大造じいさんは狩りが苦手なのでしょうか？

大造じいさんがどんな人物であるかは、残雪とのかかわりについて述べている部分を根拠として考えることができます。ですから、そこに目が向くよう、切り返しの発問で子どもたちの思考を揺さぶるのです。

C　それは違うと思う。
（うなずく子どもが多数）
T　どうしてそう思うの？
C　大造じいさんは、作戦をいろいろ立てているでしょ？　こういう作戦を立てることができるということは、狩りが苦手ではないと思う。

C　私もそう思います。作戦も特別な方法とか工夫しているから、頭がいいんだと思います。

子どもの発言を受けてすぐにまとめてしまうのではなく、「どうしてそう思うのか」を問い返すことで、全体で考えるための場をつくります。子どもたちの判断が曖昧であったり、まだ考える時間を求めていたりする場合は、ここで時間をとります。

子どもたちから作戦についての話が出されたので、「作戦の内容」「残雪たちの行動」「大造じいさんの気持ち」の3点について考え、まとめていくようにしました。

T　今、「作戦」という言葉がみなさんから出されました。それはがんを捕るための作戦ですよね。その作戦の内容に――、その作戦のときの残雪たちの行動がわかるところに……、大造じいさんの気持ちがわかるところに〜〜〜を引きましょう。

このように問いかけ、サイドラインを引かせます。これは、大造じいさんの人物像にもつながってくるところです。引いたところはペアで確認して、全体で、「なぜそこに引いたのか」も加えて説明をさせます。ここで1時間目は終了です。

2時間目は、前時の続きを考えていきます。

T　昨日は、3つのことについてサイドラインを引き、全体で確認しました。大造じいさんの気持ちのところも読みましたね。これらのことをまとめると、大造じいさんはどんな人物だと言えますか？

C　工夫した作戦を立てていて頭がいいと思う。

C　うまくいかなったけれどね。

C　でも、がんを一羽手に入れることができたのは成功とも言えるよ。

C　残雪のことを「たいした知恵を持っている」と認めた。

ここでは、一羽を手に入れることができたということを押さえます。おとりのがんを使った作戦につながるからです。また、残雪に対する見方が変わってきたことを踏まえ、「作戦の前後で大造じいさんの気持ちはどう変わったか」をまとめさせました。

②第二次5時の授業展開例

ここでは、クライマックスについて、それを表す一文がどこにあるかを検討します。前時では、「クライマックス場面」という広い括りで捉えることをしてきています。このクライマックスの一文を読むことは、人物の変容（いつ、どうして、どのように変わったのか）を読むことにもつながります。まずは、自分の考えを決めるために、「ここだと思う一文」にサイドラインを引かせます。

T　前の時間で、大造じいさんの気持ちが大きく変わった場面を確認することができました。ですが、一文としては選べていません。**大造じいさんの気持ちが最も大きく変わったことを表す一文はどこでしょう？**　その一文にサイドラインを引きましょう。

（サイドラインを引く時間をとり、どこに引いたかとその理由を聞く）

C　「が、何と思ったか…」のところだと思います。残雪を銃でうたなかったということは、おとりのがんを助けようとしたことに感動したからだと思います。（①）

C　「大造じいさんは強く心を打たれて…」の一文を選びました。強く心を打たれたとい

うのは大きな変化だからです。（②）

C　「ただ救わねばならぬ…」だと思います。大造じいさんは、そこに感動したからうたなかったのだと思います。（③）

C　「それは、鳥とはいえ…」の一文だと思います。感動したというのは同じかな。（④）

大きくこの４つの意見に分かれました。子どもたちは、ここまで読んできたことを踏まえて一文を決めました。クライマックスの一文についてはこれまでも取り上げたことがあるのですが、その定義がまだ曖昧だろうと予想しました。よって、いちど決めたクライマックスの一文に対して、定義を基に決め直し検討していく方が、読みの深まりという点からもよいのではないかと考えました。

続いて、次のように問いかけました。

T　いろいろな考えが出されましたね。でも、ここで思い出してください。クライマックスの一文には、どんなきまりがありましたか？

C　一文で選ぶのと、中心人物の変容に関係がある文だということ。

C　会話文になっていることがある。あとは…

T　そうですね。もう1つは、描写の文であることです。説明だけしている文は、クライマックスの一文にはなりません。そう考えると絞れそうですね。

やはり曖昧になっている部分がみえました。やりとりを基に、クライマックスの一文は、A「中心人物が最も変わるところ」、B「一文であること」、C「会話文か描写の文であること」と押さえました。こう定義すると、③は視点が残雪側にあるので違います。④も大造じいさんの心情を描写している文ではありません。クライマックスの一文は、①か②に絞られました。

C　大造じいさんが銃を下ろしたところだと思う。うとうと思ったのに、うたなかったんだから。

C　残雪をうとうとしたのに、うつことを止めたんだから、心が変わったと言える。

C　確かにわかるんだけど、「強く心を打たれて」のところの方が、より大きく変わったって言えると思う。

T　どうしてそう思ったの？　「より大きく」ってどういうことか言える？
C　だって、「強く心を打たれて」ってはっきりした気持ちが書かれているから……
C　ああ、わかる。最期のときを感じてもじたばたしない姿に強く心を打たれた。
C　頭領としての威厳を傷つけまいと努力しているようにも大造じいさんは感じている。
C　それまで、いまいましいとか、たかが鳥とか思っていたけど、ここで強く心を打たれて、ただの鳥に対しているような気がしなかった。

子どもたちの考えは、だいぶ②の方に流れています。①の子どもたちも、「なるほどなあ」という顔になっています。最後に、「確かに、①は『何と思ったか』で、②は『強く心を打たれて』だから、②の方が描写がはっきりしている」ということ、「大造じいさんの気持ちが詳しく書かれている」ということを押さえ、②がクライマックスの一文に相応しいというようにまとめました。

次時は、最後の場面になります。中心発問についてもう一度問う前に必要となる部分を取り上げ、授業を展開していきます。

③第二次6時の授業展開例

中心発問について答えるには、後ばなし場面をしっかり読むことが必要です。中心人物の変容した後が描かれる部分なので、大造じいさんの言葉や行動の意味を考えていくことが重要になります。最後の場面を音読させた後、次のように子どもに問いかけます。

T　最後の場面、大造じいさんは残雪をけがが治るまで世話していることがわかりますね。そして、元気になった残雪を放しています。このときに、大造じいさんは「また、堂々と戦おうじゃあないか」と言っています。**大造じいさんの思う「堂々と戦う」とは、どういうことでしょうか？**（考えをノートにまとめる時間をとる）

C　ひきょうなやり方で戦わないということ。

C　ぼくは、罠みたいなズルをしないで戦うということだと思う。

C　知恵を絞って、作戦を立てて戦うこと。

ここで、叙述とあまり関係のない「ズルをしない」とか、書いてあることをそのままなぞるような「ひきょうなやり方で戦わない」というような意見が出てきました。物語も終盤になると、「自分」というフィルターを通して物語を読む子どもが増えます。それはよいことですが、ときどき叙述に立ち返ることや、揺さぶり発問で本質に気づかせることが大切になります。そこで次のように問いかけました。

T　ひきょうなやり方かあ。確かに大造じいさんも言っているね。では、これまでの大造じいさんのやり方は、ひきょうなやり方なのかな？　どう？　考える時間をとります。

T　作戦が3つあったでしょ。それぞれの作戦で聞いてみようか。うなぎばりの作戦はひきょうなやり方？（首を振ったり、違うと反応したりする子どもたち）たにしばらまき作戦はどう？（ここも同じ反応）おとりのがん作戦は？（反応に自信がない様子もちらほら。また、反応が分かれる）。意見が分かれているね。悩んでいる人もまだいるみたいだ。どう？　どんなところで悩んでいるか言える人はいるかな？

このように、「悩んでいる」とか「困っている」ということを言えるようにすることが大事です。「できている」「わかっている」子どもの裏には、「できていない」「悩んでいる」子どもがいます。そういった子どもたちの意見を大切にし、考えていくきっかけにすることで、子どもたちが意欲的に発言する土壌が育ちます。

C　おとりを使うのはどうなのかなあって悩んでる。

C　わたしもおとりはどうなのかなあって思った。でも、大造じいさんが頭を使って考えた作戦だから、ひきょうではないのかなあって。

C　おとりを使うことよりも、はやぶさが来たときにうとうとしたでしょ？　そういうのがひきょうなやり方なんじゃないかなあ。

C　次の年も残雪がやってきたとしたら、いろいろと知恵を絞って勝負するってことだと思うよ。不意打ちとかしないで。（うなずく子どもたち）

最後の子の発言に、悩んでいた子たちも「ああ、そうか」という表情でうなずきました。最後にノートに考えをまとめる際も、「知恵を絞って作戦を立てる」ということに触れている子が多くみられました。そして、次時では中心発問について、これまで読んできたことを生かしてまとめることを告げ、授業を終えました。

第11章 海の命

青木伸生

1　教材解釈と単元構想

①単元の中心発問につながる教材解釈

『海の命』は、「読むこと」における文学的文章の読みの学習の総まとめとして位置づけられる作品です。物語を読む学習のゴールは、その作品のテーマや主題を自分の言葉で表現できることです。そのためには、作品に描かれている「変容」を捉える必要があります。多くは、作品に登場する人物が変容します。作品の中で一番大きく変容する人物を「中心人物」と言うことがあります。小学校では、低学年の段階から、中心人物の変容に着目しながら読む学習を進めてきているはずです。その最終段階が、『海の命』になるわけです。この本作品では、中心人物である「太一」の生き方の変容を捉えることが最も大切です。この作品は、海を舞台に生きる太一の生涯が描かれています。子どものころは、もぐり漁師である父に憧れ、自分もいつかは父のような漁師になると夢見てきました。しかし、その父は、大物のクエに挑み、命を落とします。太一は、父が仕留めることのできなかったクエを殺すことで、父の無念を晴らし、父を超えようと決心しました。太一の心の内を見抜いている母は太一の身を案じますが、太一はその心配をよそに、自分の夢を追い続けます。しかし、長い年月の中で、与吉じいさの生き方にも触れることで、太一は自分の生き方を見つめ直します。

そして、クライマックス場面では、目の前のクエをうつことをギリギリのところでやめるのです。この瞬間に、太一は今までの生き方を変えることになります。

太一は、なぜクエをうつことをやめたのだろう？

この発問が、この作品を読み解く一番大切な発問（中心発問）です。

しかし、教室でこの発問をいきなり単発で投げかけても、それに答えられる子どもは多くはないでしょう。この発問は作品のテーマや主題につながる奥の深いものです。この発問について、自分の考えを紡ぎ出すためには、そこにたどり着くまでのいくつかの謎を解き明かす必要があります。発問を積み上げながらその先導をするのが教師の役割です。

「中心人物である太一は、何が、どのように変わったのか」

前述のように、太一は父のかたきである瀬の主を自分の手で仕留めようとしましたが、最後にそれをやめました。最も大きな変容です。太一は、自分の生き方を変えたのです。

「太一はなぜ変わったのか」

この問いが、すなわち「太一は、なぜクエをうつことをやめたのだろう?」という、この単元の中心発問です。この発問について考えるためには、次のようないくつかの発問を用意しなければなりません。

・太一は、なぜ釣りのスタイルの違う与吉じいさに弟子入りしたのだろう?
・与吉じいさの言う「村一番の漁師」と、太一が考える「一人前の漁師」とは、何が違うのだろう?
・太一がクエをうつことをやめたことで守られた命はいくつあるだろう?

このような発問を組み込みながら、次ページから単元を構想していきます。

②単元構想と発問

中心発問に向けて、これから単元の学習を組み立てていきます。まずは、作品の全体像を捉えることができるような発問から入ります。その後、必要に応じて詳細に読み解く発問へと進めていきます。そして最後に改めて作品全体を捉え直し、自分の読みをかたちづくることができるような発問へと展開します。この流れは、学習指導要領の読むことの学習過程「構造と内容の把握→精査・解釈→考えの形成・交流」と一致するものです。

重要発問①

「この作品の『今』、太一は何歳ぐらいかな?」

作品を通読した後、子どもたちに投げかけます。作品の冒頭には、子どものころの太一が紹介されています。「ぼくは漁師になる。おとうといっしょに海に出るんだ」という太一の言葉が、もぐり漁師である父に憧れている子どものころの太一を表しています。では、この物語の「今(現在)」、太一は何歳として描かれているでしょうか?

結末場面を読むと、村の娘と結婚し、四人の子どもを授かったことが書かれています。

そして、「巨大なクエを…生涯だれにも話さなかった」という一文で作品が終わっています。「生涯だれにも話さなかった」ということは、太一の生涯はすでに終わっていることを意味します。つまり、この作品の今、太一の人生はすでに終わっているということです。この作品は、子どものころからの太一の生涯が描かれているとわかります。これが、この作品の一番大きな枠組みです。

重要発問②

「この作品の登場人物を人物関係図に表そう」

発問というより活動指示で、この作品の全体図を捉えるために欠くことのできない学習活動です。一読して、中心人物が太一であることは理解できるでしょう。太一は、この作品の中で大きく変容します。その太一の人生に深くかかわっている人物ほど、太一の近くに書くように指示します。それは例えば、太一の父であり、母であり、与吉じいさです。これらの人物は、太一の変容にかかわる重要人物です。ですから、ノートの真ん中に太一が書かれ、そのすぐ近くにこの三人がレイアウトされます。人物関係図は、これから読み深めていったことを書き込めるように、それぞれの人物を離して書いていきます。

これで、作品全体を見渡す学習が終わり、この先の読み深めに進む準備ができました。以下の重要発問は、発問の列挙にとどめ、それに対する解釈や子どもの反応例は、後の「発問を位置づけた単元計画」や「授業展開例」で詳しく紹介します。

重要発問③
「太一は、なぜ釣りのスタイルの違う与吉じいさに弟子入りしたのだろう？」

重要発問④
「おとうと与吉じいさの共通点はないのだろうか？」

重要発問⑤
「太一が吐き出した『銀のあぶく』の中身は何だろう？」

重要発問⑥
「太一がクエをうつことをやめたことで守られた命はいくつあるだろう？」

③発問で見る単元の見取図

凡例

中心発問につながる重要発問

各場面を読むための発問

切り返し発問

たのだろう？

この作品の「今」、太一は何歳ぐらいかな？

おとうは、どのような漁師だったのだろう？

与吉じいさは、どのような漁師だったのだろう？

太一は、なぜ釣りのスタイルの違う与吉じいさに弟子入りしたのだろう？

中心発問　太一は、なぜクエをうつことをやめ

この作品の登場人物を人物関係図に表そう。

- 太一が追い求めていた夢とは何だろう？
- 与吉じいさの言う「村一番の漁師」と、太一が考える「一人前の漁師」とは、何が違うのだろう？
- 太一の中でクエとおとうの何が重なったのかな？
- おとうと与吉じいさの共通点はないのだろうか？
- 太一が吐き出した「銀のあぶく」の中身は何だろう？
- 太一がクエをうつことをやめたことで守られた命はいくつあるだろう？

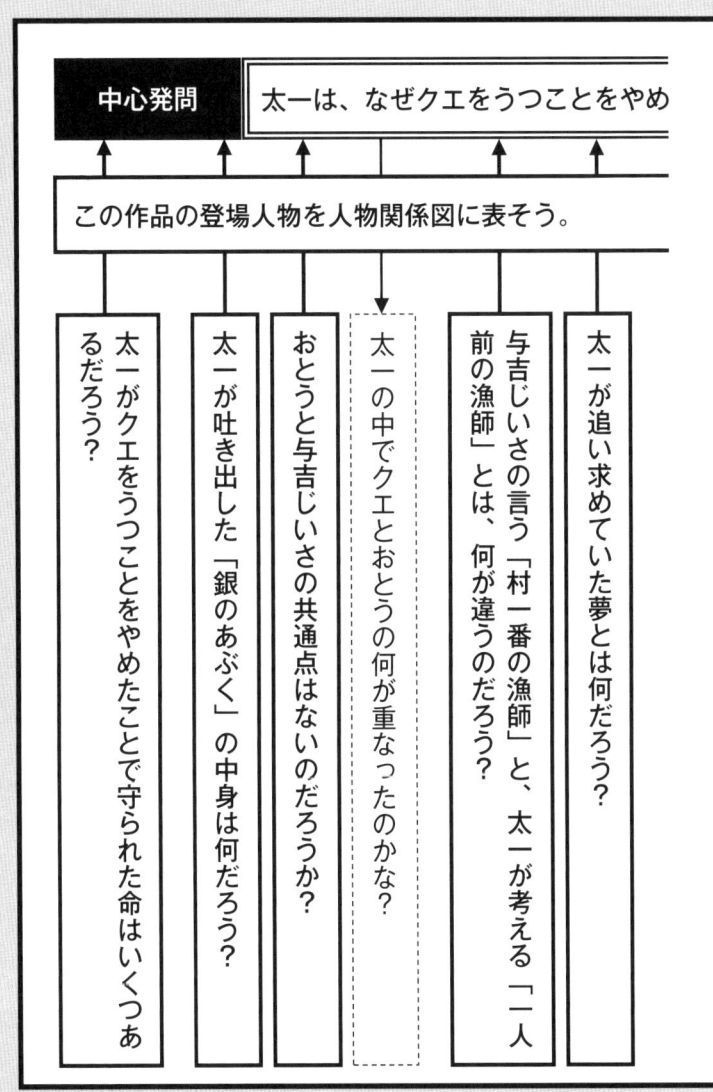

2 発問を位置づけた単元計画

●単元の中心発問
◎単元の中心発問につながる重要発問
○各場面を読むための発問
△子どもの反応に対する切り返し発問
・子どもの反応

次／時	子どもの学習活動	主な発問と反応
第一次 1時	1 『海の命』という題名から、内容を予想する。 2 教師の範読を聞く。 3 初発の感想をノートに書き、紹介し合う。 4 単元の学習課題と計画を構想する。	◎**『海の命』ってどんな話だと思いますか？** ・海の生き物の命を守る話 ・環境問題の話かな？ ○**感想をノートにメモして紹介し合おう。** ・太一はどうしてクエをうつことをやめたのかな？

第二次 1時	
1 前時の初発の感想交流を基に、単元の中心発問を設定・確認する。	**●太一は、なぜクエをうつことをやめたのだろう？** ・今の段階での予想は…
2 物語の全体像を捉える。 ・太一の年齢について自分の考えをノートに書く。 ・人物関係図をノートに書く。	**◎この作品の「今」、太一は何歳ぐらいかな？** ・子どもが四人いるから、四十歳ぐらいかな？ ・「生涯だれにも話さなかった」って書いてあるよ。ということは… **◎この作品の登場人物を人物関係図に表そう。** ・太一に関係の深い人物は太一の近くに。
3 ノートに書いた考えを紹介し合う。	

2時

1　人物関係図を基に、おとうと与吉じいさを対比させながら読む。

2　父を亡くした後の太一の思いを読む。

○おとうは、どのような漁師だったのだろう?

・もぐり漁師。クエをとる。

・太一は、子どものころからおとうにあこがれていた。太一の目標だった。

○与吉じいさは、どのような漁師だったのだろう?

・船の上で釣りをする一本釣り漁師。

◎太一は、なぜ釣りのスタイルの違う与吉じいさに弟子入りしたのだろう?

・与吉じいさは、おとうがもぐっていた瀬で釣りをしていたから。

・太一は、父のかたきを討つつもりだったから。

3時

1 クエを倒そうという太一の思いを読む。
・人物関係図に書き込みながら、自分の考えをつくる。

2 太一を取り巻く人物の思いを想像する。
・母親が、太一に対して何を心配していたかを考える。

◎太一が追い求めていた夢とは何だろう?
・クエを仕留めておとうのかたきを討つこと。
・あこがれのおとうを超えること。

◎与吉じいさの言う「村一番の漁師」と、太一が考える「一人前の漁師」とは、何が違うのだろう?
・「村一番の漁師」は、自分の捕りたい分の魚はいつでも釣れるような、名人としての漁師。
・「一人前の漁師」は、父の倒せなかったクエを倒し、父に認めてもらえる漁師。

4時

1 太一の変容について考える。

・太一は、なぜクエをうつことをやめたのか？

2 おとうと与吉じいさを対比させる。

・おとうと与吉じいさには共通点はないのか？

3 おとうと太一を対比させる。

・太一が吐き出した「銀のあぶく」の中身は何か？

●太一は、なぜクエをうつことをやめたのだろう？

・クエ＝おとうで、今クエを殺してしまうと、もうおとうも完全に消えてしまって、二度と会いに来ることができない。

△太一の中でクエとおとうの何が重なったのかな？

・おとうの命を奪ったクエが、おとうとイコールになるのはおかしいな。

◎おとうと与吉じいさの共通点はないのだろうか？

・おとうも与吉じいさも、どちらも「海のめぐみ」をいただいて生きている。

・おとうも与吉じいさも、亡くなり方は違うけれど、どちらも海に帰っていった。

◎太一が吐き出した「銀のあぶく」の中身は何だろう？

・自分の欲望とか、野望？

5時	第三次 1時
1　太一の変容を、結末場面とあわせて捉える。 ・「海の命」とは何かについて考える。	1　作品の主題を自分の言葉で表現する。
◎**太一がクエをうつことをやめたことで守られた命はいくつあるだろう？** ・無限にある（海の中の生き物、漁師のように海を生活の場にしている人間など） ・1つ（生き物すべてがつながっている）	◎**作品のまとめの感想を書こう。** ・この作品のテーマは… ・この作品の主題は…

3　授業展開例

①第二次3時の授業展開例

まず前時（2時）のおさらいをします。太一が、おとうとはスタイルの違う与吉じいさに弟子入りしたのは、おとうの倒せなかったクエを、自分の手で仕留めるためでした。その太一の思いを、他の叙述ともつないでいくのが本時のねらいです。

『海の命』は、それほど長い文章ではありません。本時も、全文音読から始めます。

T　物語の後半に、「追い求めているうちに、不意に夢は実現するものだ」と書かれているね。**太一が追い求めていた夢とは何だろう?**

C　クエを見つけることです。

T　クエなら何でもよかったのかな？
C　その前の場面には、「二十キログらいのクエも見かけた。だが、太一は興味をもてなかった」と書かれていますよね？　だから、やっぱり大物のクエじゃないと意味がないと思います。
C　父が倒せなかったクエを見つけないと、与吉じいさに弟子入りする意味がなかったと思います。
C　瀬の主のクエを倒そうと思っているのだと思います。
C　父が瀬の主に殺されてしまったので、そのかたきを討つことが、太一の夢なのだと思います。
C　追い求めていたのは、父が倒せなかった瀬の主。
T　その瀬の主に、出会ったんだね。瀬の主としてのクエは、どんな様子だった？
C　青い宝石の目をしています。
C　前は、光る緑色の目をしたクエだったよね？　おかしくないですか？
C　そのときに見たのは、父の仲間の漁師だから、違う色に見えたのかもしれません。
C　違うクエなんじゃないの？

C　前は仲間の漁師が見た目の色で、今は太一が直接自分の目で見たクエの目の色だから、違っていてもいいんじゃないの？

クエの目の色については、決定的な答えとなる叙述がありません。ですから、基本的には読み手の解釈に委ねられることになります。

ここで、一度話題を元に戻すように促しました。

T　では、そのことはまた後で考えよう。他に、クエの様子がわかる表現はあるかな？
C　ひとみは黒い真珠のよう。
C　刃物のような歯、灰色のくちびる。
C　岩そのものが魚のよう。

この後、「村一番の漁師」と「一人前の漁師」の違いについて考えます。太一にとって、この2つには、大きな違いがあるのです。

T　クエを目の前にして、太一は、どのようなことを思っているかな？
C　この大魚は自分に殺されたがっていると太一は感じています。
C　この魚をとらなければ、本当の一人前の漁師にはなれないのだと、泣きそうになりながら思っています。
T　与吉じいさは、太一に「おまえは村一番の漁師だよ」と言っていたけど、太一はここで、「一人前の漁師にはなれない」と言っているね。**与吉じいさの言う「村一番の漁師」と、太一が考える「一人前の漁師」とは、何が違うのだろう？**
C　村一番の漁師とは、自分の捕りたい分の魚はいつでも釣れるような、名人としての漁師だと思います。
C　一人前の漁師とは、父の倒せなかったクエを倒すことで、父に認めてもらえる漁師だと思います。
C　父が倒せなかったクエを倒して、自分が父を超えることで、「一人前」だと太一は思ったのかも。
C　太一にとっては、父を乗り超えてこそ一人前。
T　なるほど。そうすると、この言葉の意味の違いは大きいね。

②第二次4時の授業展開例

前時には、太一にとって「一人前の漁師」になるということは、父の倒せなかったクエを自分が倒して、父を超えることだという読みをクラスでつくりました。

本時は、いよいよ中心発問について考える時間です。

T　前の時間に、太一にとって、目の前のクエを倒すことが、父を超えて一人前の漁師になることだということを学びましたね。太一は、クエに出会って倒すことが夢だったわけですよね。では、**太一は、なぜクエをうつことをやめたのだろう？**　そのことを考えながら、一度本文を音読しましょう。

（全員で全文の音読）

T　では、あらためて今日考えたいことを黒板に書きます。「太一は、なぜクエをうつことをやめたのだろう？」

中には、今までの学習の積み重ねの中で、すでに自分の考えをもっている子どももいます。しかし、そのような子どもだけではありません。まずは自分で読み返し、自分の予想なり考えなりをノートなどにメモする時間が必要です。そのうえで、意見を交流させていきます。

C　クエをおとうだと思えたからではないかと思います。
C「おとう、ここにおられたのですか」と太一は思っています。
T　どういうこと？
C　クエ＝おとうで、今クエを殺してしまうと、もうおとうも完全に消えてしまって、二度と会いに来ることができない。
T　クエがおとうの生まれ変わりなのだろうか？　太一の中でクエとおとうの何が重なったのかな？
C　たしかに、おとうの命を奪ったクエが、おとうとイコールになるのはおかしいな。

子どもたちは、叙述の中から答えを出そうとするので行き詰まります。ここで視点を一度転換してみるのもよいかもしれません。

Ｔ　では、クエをなぜうたなかったのかを考えるために、一度目のつけどころを変えてみよう。今まで、与吉じいさとおとうを対比させていろいろと読んでましたね。漁師としての釣りのスタイルが違うとか、見つけてきました。**おとうと与吉じいさの共通点はないのだろうか？**

子どもたちは、改めてノートに書き込んできた人物関係図を見直したり、本文に立ち戻って読み返したりし始めました。

Ｃ　１つ見つけたことがあります。与吉じいさは「千匹に一匹でいい」と言っていましたよね。おとうは、大物のクエが捕れても、自慢することなく「海のめぐみ」と言っています。これって、同じような意味なのではないでしょうか？

Ｃ　海のめぐみだから、十日間とれなくても、それは仕方がないと思えています。

Ｃ　おとうも与吉じいさも、どちらも「海のめぐみ」をいただいて生きている。だから、魚の命を大切にしようと思っているのではないかと思います。

Ｃ　それから、与吉じいさが亡くなったときに、「父がそうであったように、与吉じいさも海に帰っていったのだ」と書かれています。

T　つまりどういうこと？

C　おとうも与吉じいさも、亡くなり方は違うけれど、どちらも海に帰っていった。

C　みんな死んだら海に帰るんじゃないの？

T　おとうも、与吉じいさも、「海のめぐみ」をいただいて生きてきた。だから、無駄に命を奪うことをしなかった。今の太一はどう？　目の前のクエを殺すことは、「海のめぐみ」をいただくということになるのかな？

C　ならない。

C　自分の欲のために殺そうとしています。

C　父が倒せなかったクエを殺して、自分が父を超えようというのは、自分の欲望のため。

C　太一は、そのことに気づいたんじゃないかな。ぎりぎりのところで。

T　だとすると、**太一が吐き出した「銀のあぶく」の中身は何だろう？**

C　自分の欲望とか、野望？

C　そういうものを吐き出したんだね。

③第二次5時の授業展開例

前時に、中心発問についての子どもたちなりの答えが出てきました。しかし、まだ解釈や理解が十分ではない子どももいます。そこで本時では、改めて太一の生き方を見つめ直し、作品のテーマや主題に迫ります。

T　前の時間に、なぜ太一がクエをうつのをやめたのか、自分の考えがもてましたか？今日は、その続きです。**太一がクエをうつことをやめたことで守られた命はいくつあるだろう？**

C　いくつ？

C　999かな。

C　ちょっと考える時間をください。

T　では、10分時間をとりますから、全体を読み直したり、今までのノートを見直したりして、自分の考えをノートにメモしてみてください。理由があれば、はっきりした数字で表さなくてもいいことにします。

C　無限の数の命が守られたと思いました。海の中には無限の生き物がいて、その命を大切にしようという考えが太一に生まれたから。

C　自分も無限だなと感じました。「千匹に一匹」というのは、与吉じいさの例えで、命を無駄にするなという教えだと思うから。だから、「海のめぐみ」をいただく限り、この海の命は無限につながるよということを太一も学んだのだと思います。

C　私も無限なんだけど、海の魚たちだけではなく、その命をいただいて生活している人間の命も守られたのだと思います。

T　なるほどね。海の生き物たちと、海を舞台に生きている人間がつながって、無限の命が守られることになったということだね。

C　最後の場面に、太一が村の娘と結婚して、四人の子どもが生まれたとか、太一の母親がおだやかで満ち足りた美しいおばあさんになったとか、すべてつながって、守られていることの証拠なんだと思います。

C　そうすると、全部がつながって「守られた命は1つ」というふうにも数えられると思いました。

T　「全部で1つ」という発想はすごいね。

T　そのように考えると、初発の感想の中で疑問点としてあげられていた、最後の一文の理由も何となくわかってくるかな？　「巨大なクエを…生涯だれにも話さなかった」のはなぜか？

C　せっかく家族も含めてみんなの命が守られたのだから、話す必要がなくなったのだと思います。

C　また、自分のように、欲望をもつ人が出てほしくないと思って、話さなかったのだと思います。太一のおとうは、最後は自分の欲望に負けたから命を落としたのかも。

T　いろいろな考えが膨らみますね。それが物語の学習のいいところです。最後には、自分の中で辻褄が合って、考えがつくられればいいのです。では、今日はここまで。次の時間は、『海の命』の主題を自分の言葉でまとめていきますよ。

物語は、すべてがつながっています。しかし、そのつながりのすべてが、叙述として示されているわけではありません。時には、「空所」の部分を、読み手が自分の想像力と創造力でつなぎ合わせていくことも大切です。『海の命』は、それができるのです。

【執筆者一覧】

二瓶　弘行　序章
（桃山学院教育大学）

広山　隆行　第１章
（島根県松江市立大庭小学校）

宍戸　寛昌　第２章，第６章
（立命館小学校）

小林　康宏　第３章
（和歌山信愛大学）

藤原　隆博　第４章
（東京都江戸川区立船堀第二小学校）

河合　啓志　第５章
（大阪府）

比江嶋　哲　第７章
（宮崎県都城市立五十市小学校）

大江　雅之　第８章
（青森県八戸市立中居林小学校）

嵐　　直人　第９章
（新潟県長岡市立大河津小学校）

弥延　浩史　第10章
（筑波大学附属小学校）

青木　伸生　第11章
（筑波大学附属小学校）

【編著者紹介】
二瓶　弘行（にへい　ひろゆき）
桃山学院教育大学教授
前筑波大学附属小学校教諭
東京書籍小学校国語教科書『新編　新しい国語』編集委員

青木　伸生（あおき　のぶお）
筑波大学附属小学校教諭
全国国語授業研究会会長
教育出版小学校国語教科書『ひろがる言葉　小学国語』編集委員

【著者紹介】
国語“夢”塾（こくご“ゆめ”じゅく）

小学校国語　物語文の発問大全

2020年7月初版第1刷刊
2021年4月初版第3刷刊

©編著者　二瓶弘行
　　　　　青木伸生
発行者　藤原光政
発行所　明治図書出版株式会社
http://www.meijitosho.co.jp
（企画）矢口郁雄（校正）大内奈々子
〒114-0023　東京都北区滝野川7-46-1
振替00160-5-151318　電話03(5907)6701
ご注文窓口　電話03(5907)6668

＊検印省略
組版所　株式会社木元省美堂

Printed in Japan　ISBN978-4-18-302623-1